TÊTE BRÛLÉE

CATHERINE JENTILE

TÊTE BRÛLÉE

Femme et reporter de guerre

PLON

ISBN : 2-259-19489-3

« Notre métier n'est pas de faire plaisir, non plus de faire tort, il est de porter la plume dans la plaie, en mettant dans la balance son crédit, son honneur, sa vie. »

Albert LONDRES.

Avant tout

Elle se prénomme Shirine. Elle sait dire « bonbon » en français. J'en suis restée à *chou ismik ?* en arabe (comment t'appelles-tu ?) et finalement, on sait ainsi l'essentiel l'une sur l'autre, en ces périodes où l'on n'a pas le temps de perdre du temps. Elle, parce qu'elle fait la manche pour survivre dans les rues de Bagdad, en cet hiver de 1997, où l'on s'attend à une attaque aérienne américaine. Et moi, parce que j'ai la sacro-sainte « diff », la diffusion par satellite de mon reportage vers Paris, où en deux minutes maximum, midi et soir, je dois expliquer, restituer, traduire les angoisses et les peurs de tout un peuple, déjà massacré par l'histoire.

Elle a cinq ou six ans, à vue de nez (j'ai complètement oublié comment on dit « quel âge as-tu ? » dans la langue du Coran), j'en ai trente-six. Elle pourrait largement être ma fille, si je n'avais pas vécu cette dernière décennie au rythme des soubresauts, des guerres et des révoltes de ce cher Proche-Orient. D'ailleurs, on se ressemble : brunettes, frisettes, et sûrement parfois le même air un peu perdu, elle, de ceux qui ne comprennent pas, et moi, de ceux qui n'acceptent pas la chronique des violences annoncées. La nuit, dans l'imminence du bruit de la première explosion, je pense à elle : comment la localiser, l'emmener à l'abri, la réconforter, la rassurer. Et le lendemain matin d'une nuit finalement calme, on se retrouve avec le sourire devant le ministère de l'Information où elle m'attend et où j'ai mon ersatz de bureau. Elle me dit « bonbon », je lui en donne ainsi que de l'argent et l'on repart chacune de notre côté, elle pour mendier sa nourriture ou vendre quelques bâtonnets d'encens, moi pour ma quête d'informations.

Un matin, Shirine a dû laisser sa place sur le trottoir du ministère à la horde de mes confrères venus avec Kofi Annan, secrétaire général des Nations unies. Toutes les mosquées du pays résonnaient de prières pour la paix et moi en cachette, pour éviter le ridicule de mes bonnes vieilles superstitions, que l'on ne soupçonnerait pas chez un « reporter de guerre », je croisais les doigts et touchais du bois le plus souvent possible.

Le représentant de l'ONU a dénoué la crise, tordu le cou aux rumeurs qui parlaient d'un bombardement intense et imminent. L'Irak a déserté la une des médias de la planète. Je suis repartie dans l'avion de l'émissaire français, diplomate de haut rang envoyé par le président Chirac. Je n'ai pas revu Shirine mais le cameraman avec qui je travaillais a pris une jolie photo d'elle. Elle trône sur mon bureau à Paris.

Entre Mère Teresa et Joseph Kessel

Cette fois-ci, c'est décidé, définitif et irrévocable : je ne retournerai plus jamais dans des zones de conflit. La peur conjuguée à la vanité de ce métier est une bonne conseillère. Lorsque j'avais commencé ce « sacerdoce » de grand reporter, je pensais que j'allais sauver le monde en participant à réveiller les consciences, à dénoncer le mal et soutenir le bien. Mais en plus d'une décennie où je me suis quasiment transformée en hôtesse de l'air du news, moi qui déteste l'avion, l'honnêteté pousse à reconnaître que la planète va de mal en pis, que les faibles sont de plus en plus nombreux et écrasés. Autant jeter l'éponge avec panache, au moment où personne ne songe à me mettre au rancart et commencer ce long et logique travail intellectuel qui consiste à conclure que le journalisme de qualité peut aussi s'exercer à nos portes, dans des circonstances moins dangereuses. Bien moins dangereuses.

Ce numéro d'équilibriste de la pensée s'est bien passé jusqu'à la crise suivante entre l'Irak et les Etats-Unis. Bill Clinton était décidé à en finir avec Saddam Hussein et moi j'étais au pied du mur de mes certitudes et de mes choix. Et puis, j'ai pensé à Shirine. Peut-être avais-je échoué dans ma quête utopique de changer le monde mais je ne pouvais pas renoncer à être solidaire. Comment aurais-je pu regarder les bombardements sur Bagdad en direct sur CNN en pensant que je n'avais pas fait ce geste élémentaire ? Je suis donc repartie pour elle et pour tous les amis que j'ai sur les bords du Tigre, que je connais pour la plupart depuis l'époque de la guerre Iran-Irak, il y a plus d'une décennie. Ils étaient tous ravis de me revoir, dans cette drôle d'ambiance, à la fois électrique et fataliste, des moments où personne ne sait s'il survivra aux prochains jours. Nous n'avons pas fait de discours sur l'amitié ou la solidarité, surtout dans ce pays où tous les murs ont des oreilles. Un seul m'a demandé pourquoi j'étais là mais il connaissait déjà la réponse. Et de toute façon, je ne voulais pas m'appesantir sur ce sujet face à des gens qui eux ne pourraient jamais venir à mon secours puisqu'il est quasiment impossible aujourd'hui aux Irakiens d'obtenir un visa étranger, à cause de l'exécrable réputation du régime.

J'avais refait le plein de bonbons pour Shirine et révisé mon arabe : en fait, elle avait sept ans. Son sourire et son accueil m'avaient donné la force d'affronter tous les bombardements. Mais Bill Clinton avait changé d'avis : en pleine nuit, il a ordonné aux avions en vol de faire demi-tour, ils n'ont pas attaqué l'Irak. Une nouvelle fois, je suis retournée à Paris. J'ai laissé tout ce que je pouvais et surtout des médicaments à mes amis là-bas qui connaissent une incroyable pénurie à cause de l'embargo. Un système inique qui renforce le pouvoir : ce dernier vit grâce au marché noir et met à genoux tout un peuple. Cette fois-là, je n'avais pas d'appareil pour faire une photo de Shirine. Mais l'essentiel était ailleurs. Elle était saine et sauve.

Je n'ai jamais effacé aucun nom dans mon agenda électronique. Aucun nom, aucune adresse, aucun numéro de téléphone de ceux que j'ai connus et qui sont morts, le plus souvent de mort violente, en près de quinze ans de grand reportage. Comme une fidélité un peu naïve à des êtres auxquels je ne veux pas renoncer, que ce soit ici-bas ou quelque part dans les nuages où je les imagine. Comme des aiguillons de la mémoire et de leur cause. Un ami juif m'avait dit un jour que, selon la tradition de son peuple, il fallait longtemps et intensément penser à ceux qui disparaissent brutalement car ils ne se sont pas préparés à ce départ et nos pensées peuvent les soutenir le long du chemin qui mène vers un autre monde. Plus que penser à eux, j'ai l'impression de les porter en moi, au fond de mon cœur et de ma tête. Ils font entièrement partie de ma vie, à défaut d'avoir pu continuer à vivre la leur. Parfois, durant quelques fractions de seconde, je crois les reconnaître dans la rue. Comme une ponctuation de nos rencontres désormais interrompues. Et c'est aussi pour eux finalement que j'ai continué à faire ce fantastique mais douloureux métier. Pour continuer à parler dans une petite lucarne des idées, des causes ou des pays pour lesquels ils sont morts. En toute modestie mais en toute sincérité. Je crois à la force des esprits et du cœur, j'ai toujours parlé à ceux que j'ai vus mourir même s'ils étaient inconscients et qu'ils ne connaissaient pas ma langue. Je pense que les sentiments et la compassion se comprennent et se transmettent, y compris dans les brumes de l'agonie. Comme ce militaire afghan, décédé à mes pieds, accroché à ma cheville dans un dernier geste de recherche de réconfort. J'étais assise, penchée vers lui, il était allongé sur le sol du vieil avion Antonov qui nous ramenait vers Kaboul après un attentat suicide, du côté de la frontière iranienne. Il avait plusieurs balles dans le corps. J'ai essayé de le réchauffer avec un de nos duvets et je l'ai entouré de prières, destinées à tous les dieux qui auraient bien voulu m'entendre. En arrivant à destination, alors que les ambulances n'étaient pas encore à l'aéroport pour évacuer le cadavre de ce militaire et de sept ou huit autres victimes, toutes décédées durant le vol, un pilote m'a proposé de me rendre le duvet, inondé de sang. Dans ce pays extrêmement pauvre, c'était un luxe inouï de renoncer à ce genre de couverture qui peut sauver une vie durant les nuits glaciales de l'hiver afghan. Mais je n'avais pas le courage de le reprendre. J'avais eu trois côtes cassées durant l'attentat et je ne pouvais plus rien porter mais, surtout, j'avais autre chose à faire : agonir d'injures tous les dieux de l'univers qui n'avaient pas voulu m'entendre et avaient refusé de sauver un jeune soldat misérable, en haillons, dont je ne connaîtrais jamais le nom.

Un ami très cher se moquait toujours de moi et de ma manie de sillonner les pays en guerre. Avec son accent slave qui roulait les *r*, il me disait souvent : « Tu es folle, tu es dingue, un jourrr, tu vas te fairrre tuer et puis aussi arrrête de fumer, tu vas mourrrir d'un cancer et surrrtout fais un enfant. » Il est mort de plusieurs dizaines de balles de kalachnikov dans le corps, lors du énième coup d'Etat avorté de sa chère Russie, en 1993, alors qu'il filmait la tentative de prise de la télévision par les communistes. J'étais en Gironde, en train de commencer le tournage d'un portrait de l'ex-mercenaire Bob Denard. Lorsque TF1 m'a appelée pour me demander de partir dès le lendemain matin en Russie et qu'on m'a annoncé que Ivan avait été blessé, j'ai tout de suite su qu'il allait mourir. Une intuition fulgurante et odieuse que je combattais avec la dernière énergie dans ce petit hôtel perdu quelque part dans le Médoc.

A Moscou, l'hôpital était envahi par les chats, le personnel était débordé par l'arrivée de tous les blessés. L'armée avait fait tirer les chars sur le Parlement. De l'intérieur du bâtiment, au service des urgences, on entendait les coups de feu des derniers putschistes, dans la rue, qui refusaient de se rendre. Ivan avait une jolie couverture dorée, les médecins d'Europe Assistance étaient venus pour l'évacuer sur Paris. Ils ont tout fait pour nous rassurer. Là aussi, je priai tous les dieux de l'univers, même celui des communistes qui n'existe pas, dans toutes les langues, dans la panique et prête à faire les plus sordides marchandages avec l'Eternel : je n'irai plus dans les pays en guerre, je donne dix ans de ma vie, je ferai tout ce que vous voudrez, je ne fumerai plus, je ne dirai plus de gros mots, je serai une dévote exemplaire... N'importe quoi, mais sauvez-le. C'est mon ami, celui qui m'a fait découvrir la Russie, qui m'a fait si souvent rire avec son humour ravageur. Celui qui m'a fait rêver avec son incroyable culture qui allait de la connaissance de cinq ou six langues à des dons culinaires qui égayaient nos soirées moscovites, qui m'a attendrie avec son amour des enfants, sa gentillesse et sa disponibilité, sa soif d'aller à la rencontre des autres et de filmer les défavorisés. Il avait dû quitter, définitivement, la Tchécoslovaquie son pays natal, lorsque les chars soviétiques étaient entrés à Prague, lors du finalement funeste printemps de 1968. Depuis il vivait pour la démocratie en rêvant encore parfois d'un vrai lendemain qui chante. Il ne pouvait pas mourir, tué, lors d'un des derniers barouds d'honneur des communistes en Europe de l'Est.

Les médecins l'ont emmené sur une civière, je le regardais, le dévorais des yeux, essayant de lui faire passer des messages : ne lâche pas la rampe, on va te soigner, tu vas t'en sortir, accroche-toi, tu n'as pas le droit de nous laisser tomber, après tout c'est toi qui disais toujours « roule ma poule » dans les moments difficiles, alors maintenant, ma poule, vas-y, bats-toi. Une litanie ridicule mais débordante de sentiments. J'espère simplement qu'au fond de son coma, il a perçu qu'il n'était pas seul et qu'il n'a pas eu trop peur. Il est mort en arrivant à Paris. Une fois de plus, il avait échappé aux communistes et aux « popovs »... pour l'éternité. Je suis restée à Moscou, pour ne pas abandonner ce bureau qu'il aimait tant et cette ville où il avait décidé de s'installer. Ses funérailles en France, dans une région à la campagne où nous étions voisins, ont été bouleversantes, d'après ce que m'ont dit tous nos amis. En Russie, je me sentais plus proche de lui. Mais je ne risquais pas d'arrêter de fumer, ni de pleurer, pour une des rares fois de ma vie.

J'ai toujours ses coordonnées dans mon agenda, j'appelle tout le monde « ma poule », et je me demande où les dieux ont la tête. Je crois que je leur en voudrai *ad vitaem.* Au nom d'Ivan, du militaire afghan et de tous les autres que je n'ai pas pu sauver.

J'avais décidé d'être journaliste, pétrie de bonnes intentions. Un drôle de croisement entre Mère Teresa et Joseph Kessel, sous-tendu par quelques solides idées « révolutionnaires », aussi belles que le portrait de Che Guevara sur un tee-shirt rouge. Je n'avais pas beaucoup de mérite, si ce n'est d'un point de vue politique : mon père avait été photographe, « correspondant de guerre », comme on disait à l'époque et ma mère anesthésiste. Ils s'étaient d'ailleurs rencontrés de la manière la plus romantique qui soit, lui blessé par une sale mine, elle lui prodiguant les premiers secours, quelque part en Indochine, dans les années cinquante, en pleine guerre. Voyager à l'autre bout de la planète me paraissait donc tout à fait normal, prendre des risques et... survivre, tout aussi anodin. Durant les déjeuners dominicaux, nous parlions plus souvent de missions humanitaires que de l'augmentation du prix de la baguette.

En avril 1975, ma mère en mission avec Médecins Sans Frontières à Saigon a ainsi été « retenue » pendant un mois par les bodoïs, les combattants nord-vietnamiens, lors de la prise de la ville. Nous n'avions pas de nouvelles d'elle mais, pas une seconde, je n'aurais pu imaginer qu'il lui arrive quoi que ce soit de grave. Elle m'avait transmis le virus de l'optimisme farouche et du devoir de se rendre utile dans la vie. J'avais treize ans et demi et, longtemps, je n'ai pas trouvé l'anti-virus. J'étais déjà à moitié une tête brûlée. A cause de ma naissance compliquée de prématurée, une partie de mon cerveau n'avait pas été oxygénée. Détruisant irréversiblement un nombre indéterminé de neurones.

Munie de ce solide bagage et de cet invisible handicap, la réalité sur le terrain a achevé de m'ouvrir les yeux sur les injustices et les misères du monde. Au-delà de ce que j'avais pu imaginer. D'ailleurs l'enivrement de la guerre n'a jamais compté parmi mes travers ou mes « pathologies ». J'ai vécu cette spirale de guerres entre inconscience et envie de vomir mais pas comme une drogue, ni une raison de briller en société. Je n'en parlais jamais en rentrant à Paris. J'étais plutôt fascinée par la qualité des relations qui se nouent entre les gens dans ces moments de folie. Pas besoin de fioritures ou de forfanteries lorsque le roi est nu. La seule politesse à respecter est celle de ne pas évoquer la mort.

Au Liban — le Vietnam des journalistes des années quatre-vingt —, j'avançais les yeux écarquillés, pour un de mes premiers reportages. Entre les explosions, les barrages et les menaces, j'ai découvert la schizophrénie et surtout la sympathie. Comme ce milicien chiite du mouvement Amal, qui habitait à côté de l'appartement que j'occupais. Le matin, la cartouchière en bandoulière, les grenades à la ceinture, il était prêt au combat. Ses ennemis de l'époque, les Palestiniens, n'avaient qu'à bien se tenir. Mais pour cet inconditionnel de Rambo, il y avait d'abord, une mission prioritaire à accomplir : accompagner à l'école son fils de cinq ans, qu'il tenait tranquillement par la main, comme n'importe quel bon père de famille... Le même homme, quelque temps plus tard, est venu vérifier qu'il n'y avait pas de dégâts trop importants dans mon appartement. Il avait participé aux combats qui avaient fait rage la nuit précédente dans ma rue et il avait remarqué que mon balcon avait quasiment été soufflé par une explosion. Il voulait s'assurer qu'il n'y avait pas trop de mal, « yani », comme on dit au Liban, pour ponctuer une phrase ou dissimuler une gêne ou une émotion. Et que dire de mes voisines libanaises qui se faisaient un sang d'encre quand elles ne me voyaient pas rentrée à l'heure à laquelle *elles* imaginaient que je devais être de retour et qui me proposaient régulièrement de me cacher lorsque la énième rumeur circulait sur des commandos d'Iraniennes venus spécialement à Beyrouth pour enlever des Occidentales. J'avais l'impression d'avoir un bataillon de mères juives qui veillait sur moi...

De cette période, je conserve le souvenir de l'horreur de cette population civile bombardée, de cette incroyable violence et de l'injustice faite aux plus démunis. Déjà en 1982, alors que je découpais et triais les dépêches à la télévision pour gagner un peu d'argent de poche, j'avais été scandalisée que, un soir, on « ouvre » le journal de 20 heures sur la Coupe du monde de football et non pas sur l'invasion israélienne du Liban. Un journaliste important de la rédaction auprès de qui je m'en étais ouverte m'avait répondu qu'au contraire, c'était bon signe et que cela signifiait que les Français, eux, n'avaient pas de problème... Depuis, j'ai un rejet du ballon rond et l'envie de crier aussi fort qu'un hooligan qu'il faut s'intéresser aux autres.

En termes plus choisis, on a parlé dans les années qui ont suivi du droit d'ingérence humanitaire. Quels que soient ses limites et les risques de manipulations, il n'est pas interdit de se mobiliser pour une bonne cause. On ne peut pas s'en tirer avec le sempiternel : « Je n'y comprends rien, c'est trop compliqué. » Etait-ce compliqué à l'époque de comprendre que les plus faibles mourraient dans les camps palestiniens, encerclés, coupés de tout contact ou presque avec l'extérieur ? Etait-ce compliqué de comprendre que sous les bombes il y avait des gens, souvent sans défense, qui se faisaient pulvériser au sens strict du terme ? Etait-ce si compliqué d'imaginer la peur et la souffrance ? D'essayer de mettre un visage sur la tragédie d'une mère qui perd son enfant ? Etait-ce si compliqué d'imaginer toutes les tentatives de vivre quand même et de garder le sens de l'humour ? Allez, un tout petit effort. Imaginez une boîte de nuit ouverte un soir d'accalmie où les ennemis de la journée reprennent en chœur le succès de l'époque de Gilbert Montagnié « On va s'aimer », à s'en faire péter la voix. Imaginez, entre deux explosions, un milicien qui vous raconte la dernière histoire drôle en vogue à Beyrouth. Imaginez le fou rire quand vous avez échappé à un homme du Hezbollah qui très sérieusement contrôle votre passeport mais, en fait, ne sait pas lire et ne saura donc jamais qu'il vient de laisser partir un journaliste occidental, otage potentiel. Imaginez toutes les conversations sur la vie après, le temps à rattraper, les femmes à aimer et les enfants à regarder grandir... « Imagine all the people... » mais les Beatles chantent dans le désert d'une planète souvent sourde et aveugle.

En 1982, je crois bien que c'est l'Allemagne qui a gagné la Coupe du monde de football... un beau but pour le camp de l'amnésie et de l'indifférence.

Rien ne me prédestinait à « couvrir » le Proche-Orient. Ni mes origines, ni mon histoire, ni ma préférence. Je penchais plutôt du côté de l'Amérique latine, « rapport » au Che Guevara. Mais lorsque je suis arrivée au service étranger de TF1, du haut de mes presque vingt-quatre ans, en 1985, cette région était à feu et à sang : guerre du Liban et ses otages, guerre Iran-Irak, ébullition libyenne... et les grands reporters reconnus n'y suffisaient plus. Surtout dans les périodes de Noël et les mois d'été... C'est ainsi que j'ai réveillonné sous les bombardements à la frontière irano-irakienne, que j'ai célébré plus d'un anniversaire (en août) sur le terrain, petite roue de secours consentante et ravie de l'information. Le chemin était long et semé d'embûches pour obtenir ses galons de GROLD, grand reporter opérationnel longue distance, comme nous nous décrivions avec un minimum d'autodérision. Je me souviens encore d'un responsable de la rédaction qui disait qu'une voix de femme sur un reportage de guerre ne faisait pas sérieux, n'était pas crédible. Si, si, si...

La recette pour réussir était simple : être disponible H24, pour reprendre un terme militaire, c'est-à-dire 24 heures sur 24, sous peine de se faire soupçonner de manquer d'enthousiasme ou pire... d'avoir ses « ragnagnas ». Il faut savoir qu'un homme qui refuse de partir parce que le petit dernier a la varicelle est un père exemplaire. Qu'une femme qui a embrassé ce type de carrière, en principe, n'a pas d'enfant, et que si par malheur elle se retrouve dans la même situation que son confrère, elle suscite des réactions amènes : « Tu vois, c'est toujours pareil avec les gonzesses... » Inutile de rappeler dans ces moments-là que vous avez cumulé six mois de reportages à l'étranger, l'année précédente, que vous avez même renoncé souvent à vos vacances. Le passé c'est le passé. Point. Barre. En tout cas, je ne remercierai jamais assez mes confrères de leurs indisponibilités car c'est grâce à elles que j'ai pu commencer à faire le métier que j'aime.

C'est ainsi que je suis partie, entre Noël et le jour de l'an 1987, dans le sud de l'Irak à la frontière iranienne. La fleur au fusil. Ma mère était bien rentrée de Saigon, je reviendrais de Bassorah. Le lieu s'était transformé en incroyable et dangereux salon de l'armement. Artillerie lourde et légère, bombes en tout genre et notamment au phosphore, je crois, d'autant plus redoutables qu'on ne les entend pas. Tout cela dans un décor d'apocalypse, où les soldats de Saddam Hussein essayaient de survivre dans des tranchées semblables à celles de la guerre de 14.

Enfermés dans un bureau, nous avons dû interrompre l'interview que nous réalisions d'un général car les explosions étaient si fortes qu'il était impossible de comprendre ce qu'il disait, assis à cinq mètres de nous. D'ailleurs, il est décédé peu de temps après, sous un bombardement. Les combats étaient d'une incroyable violence, inversement proportionnelle à la superficie du terrain disputé : Oum al Rassas, une minuscule île sur le Chott al arab, le fleuve frontalier qui sépare ces deux frères ennemis. Pour ce morceau de terre, les morts se sont comptés par centaines, surtout des Iraniens. Leurs cadavres abandonnés aux marais et à la boue dans lesquels ils étaient tombés.

Dix ans plus tard, j'étais à Téhéran pour l'élection du président « réformateur » Mohammad Khatami. La télévision annonçait qu'en vertu d'un accord, les Irakiens avaient rendu la dépouille de certains de ces hommes. Ou plutôt de ces enfants. Je me suis rendue au cimetière de Téhéran où les parents avaient fait préparer les pierres tombales. Les « martyrs » avaient entre quatorze et dix-sept ans, en moyenne. Dans la folie de la République islamique, on leur avait promis le paradis et soixante-dix vierges pour les accueillir. Enveloppée dans mon tchador, bouleversée, j'ai essayé d'imaginer la vie qu'ils auraient pu avoir. Je regardais les parents pleurer avec leur douleur intacte et je revivais ces quelques jours infernaux, où ces jeunes avaient été fauchés et où je me trouvais de « l'autre côté ». A l'époque, mes confrères les plus aguerris, dans ce fracas des armes, se prononçaient sur le fait qu'il s'agissait d'une « arrivée » ou d'un « départ ». L' « arrivée » d'un projectile en provenance du camp ennemi ou au contraire le « départ » d'un autre tiré par les militaires avec lesquels nous étions. Je ne me suis jamais livrée à genre de diagnostic, d'abord parce que peu de temps après au Liban, à cause d'une explosion justement, j'ai perdu une partie de la capacité auditive de mon oreille gauche. Et ensuite parce que j'ai rapidement compris que « départ » ou « arrivée » signifiait, de toute façon, le début de sérieux problèmes, tant il est rare qu'une des deux parties se fasse bombarder sans répliquer et donc sans déclencher un combat.

Durant ce reportage, j'avais croisé un garçon auquel j'ai souvent repensé des années plus tard. « Un photographe de guerre. » Ou plutôt de guerres. Il avait commencé sa carrière à Phnom Penh, quand les Khmers rouges ont pris la ville, durant l'un des épisodes les plus sanglants de l'histoire de ce siècle. Entourée de militaires irakiens chargés de la protection des journalistes, je refusais de mettre le casque lourd qu'ils me proposaient. Je leur disais que cela ne servait à rien et qu'en plus j'aurais l'air ridicule. C'est à ce moment-là que ce confrère que je ne connaissais pas a répliqué que j'aurais l'air encore plus ridicule avec la tête en moins. J'ai dû rougir un peu de ma bêtise et je me suis exécutée. Plus tard quand j'ai discuté avec lui, il m'a dit qu'il effectuait là son dernier reportage de guerre et qu'il avait décidé d'arrêter. Combien de fois ai-je entendu par la suite ce discours ? Pour retrouver les mêmes orateurs quelque temps plus tard sur le terrain. Les « accros » à la violence, au danger et au vertige de faire partie des survivants. Mon photographe du sud de l'Irak, lui, a tenu parole. Il s'est reconverti dans les photos de mode. J'ai demandé de ses nouvelles, de loin en loin, aux confrères qui travaillaient dans la même agence que lui. Son dernier cliché de grand reporter a dû être l'instantané de ma dernière vision, au moment du départ : celle de ces pauvres soldats irakiens, terrés dans leurs tranchées, cernés par le froid, l'humidité et la peur. Certains nous ont quand même fait un petit signe de la main. *Morituri te salutant... Ceux qui vont mourir te saluent.*

Départs :
ma valise d'un bleu soutenu

Depuis plus d'une décennie, ma vie est rythmée par les départs, ceux des voyages ou ceux des armes... Soit la rédaction me demande de partir, soit je propose une idée de reportage et, la plupart du temps, tout se passe dans l'urgence. D'abord, il est quasiment inenvisageable de refuser « une mission », pour reprendre notre terminologie qui n'est pas anodine : nous vibrons pour notre métier, nous sommes drogués aux voyages, aux rencontres, au mouvement, attirés comme des aimants par l'envie de voir et de vivre l'Histoire. Aucune autre profession ne permet de sillonner la planète en prenant son pouls et en tutoyant presque les acteurs principaux de ce siècle comme des petits vers de terre qui coursent les étoiles. Nous ne pouvons plus vivre sans remplir ce rôle de témoin qui représente le sel et le sens de notre existence, notre mission, même si souvent la frustration nous submerge de ne pouvoir changer le cours des choses. Lorsque nous nous trouvons « sur le terrain », nous avons la sensation de vivre pleinement, totalement. D'être éventuellement utiles, en tout cas d'être débarrassés des oripeaux du quotidien et de leurs entraves. Parfois, dans une quête presque mystique.

10 juin 2000. Je roule en direction de la campagne pour un petit week-end comme je les aime : équitation, promenades avec les chiens, repos. France-Info, en sourdine, me tient au courant de l'état du monde qui ronronne. Jusqu'au flash spécial : Hafez el Assad est mort. Je rétrograde, comme je le prévoyais le portable sonne, TF1 me demande de partir à Damas. Je fais demi-tour en pensant aux dispositions à prendre, l'assistante se renseigne déjà sur les horaires des vols et je réfléchis aux grandes et petites conséquences de cette disparition, mille fois annoncée aujourd'hui est avérée. La Syrie va-t-elle rester calme ? Le successeur du « Lion » de Damas réussira-t-il à faire la paix avec Israël ? Libérera-t-il les prisonniers politiques ? Des visages se superposent dans mon esprit : un ami palestinien capturé à Beyrouth pendant la guerre et qui croupit depuis plus de dix ans dans les peu recommandables geôles syriennes, un autre ami libanais qui ne peut plus rentrer dans son pays depuis que les militaires d'Assad s'y sont déployés car il est accusé d'avoir partie liée avec les Israéliens. J'imagine leur bonheur, j'ai envie d'arriver sur place le plus vite possible pour, une nouvelle fois, sentir palpiter le cœur du Proche-Orient.

Une demi-heure plus tard, je suis au bureau, courant après des cassettes d'images de l'armée et des responsables politiques syriens pour faire un « papier » au 20 heures sur la succession du Président défunt. Ensuite, tout s'enchaîne, comme le permet la machine bien rodée de la rédaction car, une fois prise la décision de partir, il faut mettre sur pied tout le dispositif nécessaire pour arriver le plus vite possible. La logistique se sophistique lorsqu'il s'agit de pays en guerre où souvent les vols civils sont interrompus, les aéroports fermés et les journalistes pas forcément attendus à bras ouverts. Dès lors, on se retrouve avec deux téléphones, minimum, branchés dans les oreilles pour convaincre, sur une ligne, l'armée de nous emmener, « maintenant-tout de suite », par avion militaire dans la zone de combat, si tant est que la France soit impliquée dans le conflit, sinon il faut trouver une compagnie aérienne privée qui accepte de prendre le risque de cette expédition. Ou à défaut, atterrir dans un pays limitrophe et ensuite prendre la route. Sur l'autre ligne, souvent mauvaise où l'on est accueilli par la friture qui pollue les communications du tiers monde, on s'égosille pour prévenir nos contacts que l'on arrive... et de préférence, avant la concurrence ! ! ! Par l'interphone, on appelle les copains cameramen et preneurs de son-monteurs pour savoir qui est disponible pour le départ. On se répartit les tâches : il faut récupérer les gilets pare-balles, en espérant ne pas avoir à s'en servir, descendre à l'infirmerie pour se munir d'une trousse médicale, bourrée de seringues en cette période de sida, de médicaments et de toute la panoplie du parfait petit docteur que nous risquons de chercher en vain en cas de blessure ou de maladie. Nous plaisantons d'ailleurs souvent sur le fait que le meilleur médecin de ces pays dévastés est finalement l'avion d'Air France qui nous ramène à bon port. Ensuite, ou plutôt en même temps, il faut décrocher un visa ou dégoter la bonne âme compatissante à l'autre bout du fil qui acceptera de nous laisser passer sans le fameux tampon. Enfin, il ne faut pas oublier les petits cadeaux qui convaincront les réticents ou remercieront les serviables et moins futilement des produits introuvables sur place qui peuvent embellir une vie de misère.

Dans la tête, à ce moment-là, je suis déjà à des années-lumière de Paris mais il faut quand même régler les problèmes d'intendance : payer le téléphone, annuler le dîner où je conviais dix personnes, donner la nourriture à la concierge et à chaque coup de téléphone passé pour prévenir de mon départ, écouter stoïquement chacun me dire : « Fais bien attention à toi », ce qui m'énerve... Comment faire attention ? En prévenant l'artilleur ennemi de l'endroit où l'on se trouve et lui demander gentiment de nous épargner ? Entrer en communication par télépathie avec toutes les balles qui volent pour qu'elles aient l'amabilité de m'éviter sur leur trajectoire ? Et pourquoi pas arrêter la guerre ? ? ? En tout cas, il n'y a pas de temps à perdre en discussion stérile à ce propos (je réponds : « oui, oui, bien sûr ») et pas de temps, non plus, pour respecter les classiques règles de politesse : il arrive que l'on appelle nos correspondants en pleine nuit pour leur demander de nous rendre un petit ou un grand service.

Ainsi, en 1989, quand Yasser Arafat est venu pour la première fois à Paris à l'occasion d'un voyage historique, tous les médias de France et de Navarre voulaient être avec lui, dans l'avion qui devait l'amener de Tunis où se trouvait le QG de l'OLP. Un de mes amis palestiniens m'avait dit que la meilleure solution consistait à joindre sur place Mahmoud Darwish, un des conseillers du « vieux », comme on le surnomme. Je ne le connaissais pas personnellement, je savais seulement qu'hormis ses fonctions politiques il était, et est toujours, le plus grand poète palestinien vivant. Je l'ai donc appelé, boostée par l'idée que tous mes confrères étaient déjà sur place pour tenter d'embarquer dans l'avion, alors qu'il n'y avait de place que pour une seule équipe de télévision. Il a été charmant, je demeurais inquiète et je lui ai donc téléphoné toutes les deux heures durant la nuit car nul ne savait à quel moment Arafat allait revenir d'une tournée en Afrique noire et de là décoller vers Paris. Pour des raisons de sécurité, évidemment, il n'a jamais d'horaires ou de plans de vol précis, définis à l'avance. Chaque fois que je réveillais Mahmoud Darwish, je faisais assaut d'amabilités mais je l'ai bel et bien empêché de se reposer... Le « vieux » est finalement arrivé à l'aube, il a tout de suite convoqué une réunion avec ses conseillers. Mahmoud Darwish a été le premier à lui poser une question : « Es-tu d'accord pour prendre Catherine dans ton avion ? » Arafat qui me connaissait déjà a éclaté de rire, a accepté et demandé pourquoi son poète préféré se faisait ainsi mon avocat. Darwish a simplement répondu : « Parce que je veux dormir. » Moi, je ne dormais pas, j'étais arrivée à Tunis et j'ai pris l'avion de l'OLP alors que mes confrères restés sur place étaient loin de se douter de la manière dont j'avais réussi ce « coup »...

Quelque temps plus tard, j'ai récidivé, accompagnant « le vieux » à Genève où il devait s'exprimer devant l'ONU et annoncer, officiellement, qu'il renonçait au terrorisme, condition *sine qua non* posée par les Américains pour ouvrir un dialogue avec l'OLP. Par le plus grand des hasards, j'étais partie avec un cameraman italien très sympathique qui connaissait bien mal le français et moi pas du tout sa langue. Croyant me faire rire alors que j'étais sûrement un peu tendue dans l'attente du rendez-vous avec Arafat, il a réussi à me raconter, à moitié par la parole, à moitié par le geste, à moi qui déteste l'avion, comment un appareil à bord duquel il se trouvait avait manqué son atterrissage à Hong Kong (à l'époque, un des aéroports les plus dangereux du monde) et était tombé dans l'eau... Comme chacun sait, la mer sépare l'Afrique du Nord et l'Europe et après cette petite anecdote, je devais être vraiment nerveuse mais pour une toute autre raison que le bon déroulement de mon reportage ! ! !

L'obstination paie de temps en temps surtout quand elle coïncide avec un moment où une personnalité éprouve le besoin de s'exprimer. Juin 1990. L'attaché de presse de l'ambassade d'Irak m'appelle pour me proposer un déjeuner. Rien que de très banal puisque nous rencontrons régulièrement nos « contacts » au restaurant. Nous devisons de la situation dans la région et notamment du dernier sommet arabe qui s'est déroulé peu de temps auparavant à Bagdad, très mal, puisque les Koweiti ont refusé d'effacer la dette de l'Irak qui considérait avoir déjà payé « le prix du sang » durant sa guerre contre l'Iran et attendait donc des pays arabes qui n'avaient pas militairement pris part au conflit qu'ils paient celui de l'argent. Soudain, mon interlocuteur Odai m'annonce que je vais obtenir ce que je demande depuis longtemps... Le trou : je ne vois pas du tout ce à quoi il fait allusion. Il s'amuse de mes devinettes et m'aiguillonne : « Cherche bien, tu vas trouver. » Je ne trouve pas et puis enfin, une petite lumière s'allume : l'interview de Saddam Hussein. Depuis des années, j'envoie régulièrement une demande officielle, signée et contre-signée par mes chefs, pour pouvoir rencontrer et interroger ce chef d'Etat, l'un des plus secrets du monde. Sans vraiment croire à mes chances car il n'accorde quasiment jamais d'entretien. De la perplexité, je passe à la quasi-euphorie car il s'agit d'un scoop. D'autant qu'à l'époque, le président irakien est le grand allié de l'Occident puisqu'il a fait rempart de son armée contre la déferlante intégriste de la République islamique iranienne. Il n'y a plus qu'un petit détail à régler : la date. Toujours souriant Odai me la donne : le 7 juillet... Impossible, il s'agit du jour du mariage de ma sœur, Patricia. Mon unique sœur. Il va donc falloir changer l'emploi du temps d'un des hommes les plus craints du monde pour que je puisse participer à cette cérémonie familiale. Nous avons finalement coupé la poire en deux et repoussé l'interview de quelques heures seulement. Accompagnée de ma valise, je suis arrivée à la réception et je l'ai quittée vers minuit pour prendre un jet privé du Bourget qui m'a déposée à l'aube à Bagdad le 8 juillet. L'interview était très intéressante. Saddam a juste « oublié » de nous avertir qu'il allait envahir le Koweit trois semaines plus tard ou plus précisément « libérer la dix-neuvième province irakienne » pour respecter la terminologie officielle... Premier acte de la désormais célèbre guerre du Golfe.

Du coup, je suis repartie pour Bagdad, quelques jours après cette invasion dans des conditions encore plus rocambolesques. Aucune compagnie d'aviation ne voulait effectuer le vol car les assurances refusaient de prendre le risque de perdre un avion ou de voir ses passagers retenus en otages. Nous avons donc affrété un petit appareil de Bouygues piloté par un commandant qui en avait vu d'autres, plus près de la retraite que de son premier coup tordu. A l'escale d'Amman en Jordanie, contrairement à ce qui était prévu, les Irakiens ont refusé de nous communiquer le plan de vol. Ils ont décidé de nous guider au fur et à mesure alors que l'espace aérien était totalement interdit. Notre pilote, après nous avoir demandé notre accord, a accepté cette solution. Nous sommes arrivés très en retard sur place et un de mes amis qui nous attendait m'a confié qu'il avait pensé que nous avions été abattus par la défense antiaérienne...

Lorsque les départs sont plus faciles, je procède quand même à tout dans l'urgence, je ne sais plus rien faire avant la dernière minute. Et je me découvre toujours des choses supplémentaires à exécuter comme pour amplifier encore cette sensation de vitesse et ce sentiment, déjà, d'être survoltée. Je remplis ma valise en un temps record. Elle est d'un bleu soutenu un peu bizarre, qui amuse beaucoup mes collègues mais que l'on repère de loin sur les tapis roulants des aérogares. Je l'avais achetée cent dollars à Moscou, il y a huit ans, et elle est d'une résistance à toute épreuve et à tout bagagiste. Je la bourre de foulards quand nous partons pour un pays islamique car un jour j'ai fait décoller un avion d'Iran Air, tout de noir tendu car l'imam Khomeiny venait de mourir, avec une heure de retard n'ayant rien pour me couvrir la tête... Je plie, les yeux fermés, à force d'habitude, quantités de vestes pour essayer d'en porter une différente à chaque « plateau » (lorsque l'on me voit soit en direct, soit à la fin d'un reportage). Elles ont toutes des couleurs gaies et chaudes qui donnent bonne mine, quel que soit le nombre d'heures de sommeil en retard. Le quarté gagnant est composé de l'orange, du jaune, du bleu et du marron. Le vert et le rouge sont à proscrire car ils « passent mal » à l'antenne. Le blanc est à éviter car il « claque », surtout au soleil. Quant au noir, il donne un air sinistre qu'il n'est pas nécessaire d'ajouter à la narration de tous les drames et horreurs de la planète. Et puis enfin, j'enfouis au milieu des chaussettes le petit nounours que j'emmène partout et un réveil quand j'y pense. Avant de quitter la maison, j'inspecte ma valise de la poignée aux roulettes pour décoller les étiquettes israéliennes si je me rends dans un pays arabe et inversement : elle part toujours vierge pour de nouvelles aventures, discrète, incapable de me trahir. Je l'imagine parfois, souriant de tous ses secrets quand nous croisons les Samsonite des hommes d'affaires qui collectionnent les autocollants des hôtels, de préférence les grands et qui promènent leurs fidèles valises, bariolées de leurs souvenirs, comme des trophées réservés aux globetrotters.

Quelquefois aussi, nous sommes détournés de notre destination initiale. En novembre 1999, je bois un verre en attendant le début du concert de Barbara Hendricks à Paris. Le téléphone sonne : il vient d'y avoir un tremblement de terre en Turquie, on ne connaît pas encore exactement l'étendue des dégâts mais TF1 me demande de partir le lendemain matin. J'arrive donc à la première heure au bureau où j'ai rendez-vous avec l'équipe qui doit m'accompagner. Je dispose même du sifflet hyperpuissant que l'on distribue dans les zones où se produisent des secousses telluriques pour pouvoir signaler sa présence sous les décombres. Nouveau coup de fil du directeur des reportages : je pars en fait dans le sud-ouest de la France car, dans la nuit, des inondations épouvantables ont submergé la région. Un drame qui va faire la une des médias durant plusieurs jours. Il faut que je puisse faire un direct dans le 13 heures et donc sauter dans le premier avion à destination de Toulouse. Sur place, des plots interdisent la sortie de l'autoroute, qui conduit aux nationales et départementales noyées sous l'eau et surtout au village où se trouve le « SNG », le camion qui transporte les moyens de direct. Quitte ou double : ou nous forçons le barrage en espérant pouvoir arriver, sans avoir à troquer notre voiture contre un canot pneumatique, ou nous faisons un grand détour et nous sommes sûrs de ne pas pouvoir intervenir dans le JT. Nous sommes passés. En quelques minutes de direct, je suis trempée et la caméra est en panne, à cause de la pluie... Un de mes confrères s'est rendu en Turquie où heureusement les choses étaient moins graves que ce que l'on avait pu croire la veille au soir.

Dans le taxi qui me mène à l'aéroport, je vérifie l'essentiel : les papiers d'identité (j'ai deux passeports pour pouvoir me rendre des deux côtés, le cas échéant, dans les zones de conflit), l'argent et le titre de transport.

J'aime bien ces moments où je roule vers une nouvelle histoire, je demande souvent au chauffeur de mettre les informations et je laisse mon esprit divaguer à son gré. Je pars toujours en avance car j'ai horreur de ce genre de stress lié au risque de manquer l'avion. Cela me laisse du temps dans les aérogares, une fois ma valise enregistrée ainsi que la bonne centaine de kilos de matériel technique dont nous avons besoin (banc de montage, cassettes, caisses de micro, batteries pour la caméra, chargeur pour les batteries, etc.). Je fais le tour des boutiques, j'achète des tonnes de crèmes de beauté et des vitamines en pagaille, dont je me jure que je vais les utiliser quotidiennement pour être en forme, quoi qu'il arrive, car la fatigue nous rend plus vulnérables face au danger. En fait, je ne me sers que de maquillage pour être présentable à l'antenne, le reste constitue mes pierres de petit Poucet, je n'ouvre presque jamais les boîtes et je les sème derrière moi dans les chambres d'hôtel, les oubliant ou les abandonnant à dessein pour laisser de la place dans ma valise afin de rapporter un souvenir. Je rafle aussi tous les magazines féminins disponibles pour ne rien lire d'angoissant (même pas un roman policier dont pourtant je raffole) durant le voyage qui s'annonce difficile : un peu de douceur dans un monde de brutes. Je collectionne les articles sur le dernier salon de massage parisien où je me promets d'aller à mon retour, je note les coordonnées du nouveau coiffeur à la mode et je traîne tous ces petits papiers dans mon sac à dos ou le sac en plastique fourni par le libraire avant de les disséminer au fil des escales.

Début janvier 1991 : le monde entier est convaincu que la guerre du Golfe va éclater à l'expiration de l'ultimatum fixé par les Américains à Saddam Hussein pour qu'il se retire du Koweït. Sauf moi. Optimiste invétérée, je pense qu'un accord sera trouvé à la dernière seconde. J'attends donc, détendue, d'embarquer à bord de la caravelle, affrétée par les médias français pour emmener les journalistes en Arabie Saoudite où se trouvent les QG des armées occidentales. On nous a distribué les tenues NBC (antinucléaire, bactériologique et chimique) qui ressemblent un peu à des uniformes couleur sable. Un spécialiste est chargé de nous faire la démonstration de la manière de s'arnacher, au millimètre près : pas un seul morceau de peau ne doit être au contact de l'air, au risque de mourir dans d'atroces douleurs, à l'instar de ces pauvres « poilus ». Nous avons donc également les chaussettes et les gants *ad hoc.* Il faudra que je trouve des rangers sur place car il n'y a pas ma taille : du 37. Notre maître dans l'art de la survie nous explique aussi comment se faire la piqûre, énorme dans mon souvenir, qui fait partie de notre équipement et qui nous permettra, le cas échéant, de résister aux émanations toxiques, en attendant d'être pris en charge par une équipe spécialiste de la décontamination. Faute de quoi, nous risquons de mourir dans l'heure qui suit, à cause de l'antidote que nous nous serons injectés... Notre prof insiste donc : « il faut être sûr » d'avoir été contaminé pour en arriver à cette extrémité. Il nous explique également comment mettre le masque à gaz, qui doit parfaitement épouser la forme du visage pour être étanche, sans oublier d'enlever la pastille qui se trouve sous le menton si l'on ne veut pas partir pour un monde meilleur, étouffé !

En voyant tous mes collègues, transformés ainsi en monstres de science-fiction, je me remémore brutalement la légende que certains Arabes m'avaient racontée : la fin du monde se produira lorsque des hommes à tête de cochons seront déployés dans le désert... Soupçon d'inquiétude qui se conjugue avec le souvenir d'un ami, conseiller d'un ministre important du gouvernement français, qui à l'issue d'un déjeuner où je lui confirmais que je partais pour le Golfe, m'a regardée comme s'il ne devait jamais me revoir. Je chasse bien vite tous ces oiseaux de malheur pour courir prendre le dernier avion d'Air France avant que la compagnie nationale ne suspende ses vols pour l'Arabie Saoudite, qui décolle pour Dharan, et arrivera plus vite que la caravelle. J'ai quand même récupéré tout mon équipement NBC avec un peu moins de désinvolture.

Parfois, au contraire, il faut partir avec le minimum et dissimuler sa qualité de journaliste : en 1987, les camps palestiniens de Beyrouth étaient assiégés, coupés du monde. Le plus connu, Chatila, était réduit à cent mètres sur cent, détruit au point d'inspirer à ses habitants le surnom de prototype « d'architecture de la dentelle », tant les maisons étaient découpées, ciselées à force d'avoir été bombardées. Les Syriens et miliciens du mouvement Amal qui les assiégeaient avaient décrété qu'aucun homme n'avait plus le droit d'entrer dans le camp ou d'en sortir. Seules les femmes pouvaient passer mais pas les journalistes. Je suis donc partie avec Dominique, une camerawoman, dans le plus grand secret, quelques rédacteurs en chef seulement étaient dans la confidence à Paris. Mes « réseaux » m'avaient organisé des rendez-vous sur place avec des Pierre, Louis et Mohammed qui ne s'appelaient ni Pierre, ni Louis, ni Mohammed, qui dans ce monde de la guerre et de la clandestinité nous ont fait franchir les lignes et nous ont acheminées à bon port. Je ne les ai jamais revus mais je les remercie d'avoir risqué leur vie pour nous permettre de faire notre métier. A l'entrée de Chatila, nous avons prétendu être infirmières. Nous n'avions qu'une petite caméra que nous avions démontée pour la faire entrer en pièces détachées, dissimulées sous les robes de quelques femmes complices, à l'intérieur de ce camp de malheur. Nous risquions gros car les Syriens ne voulaient absolument pas que des images puissent témoigner du sort inhumain auquel ils soumettaient la population pour la forcer à quitter les lieux. C'était mal connaître les Palestiniens qui s'étaient déjà fait massacrer quatre ans plus tôt par les chrétiens, avec la complicité des Israéliens, alors que tous les fedayins avaient évacué le camp et que les seuls morts furent donc des femmes, des enfants et des personnes âgées : une population sans défense. En quelques jours avec Dominique, j'ai réalisé un reportage d'une demi-heure pour la première fois dans un pays en guerre...

Nous avons fait le portrait d'une famille, symbolique dans sa douleur et son histoire : le père mort, une fille tuée le jour de son mariage et le fils Abed, appelé « le chasseur », qui avait pris les armes après avoir vu, de la cachette qui lui a sauvé la vie, un de ses frères assassiné lors du massacre de 1982. Il avait à peu près vingt ans, une existence de misère et un tout petit bébé qui connaissait déjà le bruit du canon. Nous avons suivi Abed la nuit, sur la ligne de front, il nous a montré l'endroit où certains de ses amis étaient tombés, il jurait une main sur le cœur et l'autre sur sa kalachnikov qu'il ne quitterait jamais Chatila. *Abadan* (« jamais »). Au milieu de ce désastre se trouvait Chris, un chirurgien canadien, enfermé depuis plus d'un an avec la population qu'il n'avait pas voulu quitter alors qu'on lui avait proposé un sauf-conduit. Avec son drôle d'accent, fruit de toutes les langues qu'il maîtrisait : français, anglais, arabe et grec, il expliquait tranquillement sous les bombardements que sa conscience ne lui aurait jamais permis de prendre la fuite en laissant les habitants de Chatila sans médecin. Il s'amusait des regrets éternels de sa mère qui l'imaginait ouvrant un cabinet, synonyme de respectabilité et de dollars à New York. Il ne pouvait pas « vivre tranquillement » en sachant que de par le monde des malheureux avaient besoin de secours.

Les Palestiniens avaient besoin de tous les secours. Ils étaient blafards, contrairement aux gens de la région, à force de survivre dans des caves ou des souterrains, seuls abris disponibles où ils organisaient parfois des mariages pour les jeunes qui voulaient encore croire à l'avenir. Ils avaient aussi et surtout besoin de savoir que le monde ne les oubliait pas. Qu'ils ne mouraient pas et ne souffraient pas en vain. En faisant avec moi le tour du camp, Chris, le chirurgien, me disait en désignant homme, femme ou enfant : « Je suis entré dans celui-là et celle-ci et celui-là aussi. » C'était sa formule pour expliquer qu'il les avait tous opérés un jour ou l'autre, à la suite d'une blessure.

Nous sommes reparties Dominique et moi, en toute hâte, un matin à l'aube : les femmes nous ont réveillées pour nous dire que les Syriens avaient décidé de faire fouiller à corps, par leurs séides en jupon, toute représentante du sexe faible qui franchirait les limites du camp. Nous risquions donc d'être découvertes et de voir notre caméra et nos précieuses cassettes confisquées. Les Palestiniennes voulaient nous protéger pour que nous puissions témoigner, elles ont organisé notre sortie en quelques minutes. Nous n'avons pas pu dire au revoir à tous ceux que nous avions rencontrés.

« Le chasseur » n'a jamais quitté Chatila : il a été tué quelque temps plus tard, fauché par une grenade. Chris n'a pas pu le sauver mais a continué à voyager d'une plaie à l'autre de la planète : Somalie, Tchétchénie, Afghanistan... Je l'ai croisé parfois, sa dévotion et sa révolte intactes. Notre reportage a reçu un prix de journalisme, comme un échec passager de l'indifférence mais sûrement pas comme le mat définitif de la mémoire : quelques années plus tard, après la fin de la guerre, il était question de transformer Chatila en dépôt d'ordures ou de le raser complètement pour construire une autoroute. Que Abed dont le nom signifie « serviteur » de Dieu et tous les autres reposent quand même en paix. J'ai pensé à eux, le jour de la mort d'Assad qui, par haine d'Arafat et soif du pouvoir, avait martyrisé les camps palestiniens du Liban.

Tous ces fantômes, qui peuplent ma mémoire, représentent des moteurs infaillibles pour me pousser à partir quand le courage manque ou que la lassitude me gagne. Je les imagine fronçant les sourcils, déçus par mon attitude. J'engage des dialogues imaginaires où je tente de les convaincre de mon droit à me reposer et à passer le relais à d'autres, je les prends à témoin de la vanité de mon métier, je leur démontre que, depuis leur disparition, la planète ne va pas mieux et que la lutte pour un monde meilleur est complètement utopique : un rêve qu'ils ont payé de leur vie. Je discute, je marchande, je tourne en rond. Et puis, au bout du compte, je cède un peu honteuse de mon lamentable sophisme. Je m'énerve, je m'avoue battue, je conclus : « Roule ma poule », comme disait toujours Ivan, et j'exige que, du haut de leurs nuages, ils me jurent de me protéger. Dans l'avion qui m'emmène vers ce nouveau reportage, quand il y a des turbulences qui m'angoissent, je les imagine autour de l'appareil, soutenant les ailes, morts de rire, eux qui ne craignent plus la mort. Sur le terrain si la situation est dangereuse, je les convoque, les engueule, leur assène que « c'est bien la preuve que j'avais raison : il ne fallait pas venir ». Cette colère écarte la peur, me communique un calme olympien qui me transforme en scanner sur pattes pour évaluer les issues possibles et m'insuffle l'énergie nécessaire pour me bouger et ne pas me laisser aller. D'une voix beaucoup plus douce, pendant les accalmies, je leur réitère ma demande d'invulnérabilité qu'ils sont censés m'envoyer du ciel... Enfin, quand quelqu'un meurt, je les supplie, mes fantômes chéris, de l'accueillir et de l'emmener boire un verre au bistrot du paradis. Notre rapport sera à jamais inégal puisque j'ai l'impression d'être leur petite ombre sur la terre, leur prolongement, leur mémoire et leur impossible futur et que, à tous ces titres, je me dois même en ronchonnant parfois de continuer le métier grâce auquel je les ai rencontrés et de poursuivre jusqu'à l'épuisement leur chimère de réussir, un jour, à changer le monde. Un minimum. Ne serait-ce qu'en donnant la parole aux plus démunis et aux plus défavorisés, pour qu'on ne les appelle plus, ou qu'on les appelle moins souvent, les « oubliés de l'Histoire ».

Partir, c'est mourir un peu comme disait l'autre et parfois, dans ces conditions, mourir tout court.

Mais une fois la décision prise, c'est surtout vivre, en permanence, avec un miroir grossissant en face de soi qui détecte les points noirs et les bleus de l'âme. Comme une réévaluation permanente, en direct et sans concession de ce que l'on est profondément. On peut essayer de mentir aux autres mais pas à soi-même hormis quelques petits, tout petits arrangements possibles. Sur le fond, ce sont toujours les inévitables questions du courage, de l'honnêteté, de la solidarité. Le courage de ne pas tergiverser sur l'endroit où aller, malgré le danger, ou celui d'arrêter le jour où l'angoisse est trop forte, d'accepter finalement de n'être qu'un humain vulnérable. L'honnêteté de s'avouer que l'on a peur et de dire tout simplement la vérité de ce que l'on voit. La solidarité enfin avec les victimes et avec l'équipe constituée d'amis, qu'on prend l'engagement moral et tacite de ne jamais laisser tomber.

En fait, partir, c'est accepter une remise en question systématique de ce que l'on prétend être. L'équilavent d'une psychothérapie sauvage sans le secours de l'émule de Freud ou de Lacan pour se pencher sur notre verbe qui, du coup, se réduit aux mots du commentaire que nous plaquons sur les images. Notre ego, moi et surmoi, s'ils existent, sont broyés par la moulinette de l'événement. Se répéter inlassablement que le lâche connaît mille morts et que le brave ne meurt qu'une fois ne suffit pas. A chaque départ, le passé est oublié : il s'agit d'un nouvel examen de dignité. J'ai toujours l'impression que le moindre accroc, la moindre faille aura le pouvoir de gommer toutes les années précédentes et de me laisser sur le flanc, assommée par la honte, marquée par le sceau de la lâcheté. Sans rémission, sans excuse possible.

Mais partir, moins glorieusement, moins courageusement, c'est aussi fuir. Fuir « une vie normale », fuir le temps et l'âge dans le monde de l'apparence du petit écran où nous sommes même, parfois, « maquillées comme des voitures volées » quand nous apparaissons à l'antenne. Nier les années qui passent en évitant, grâce à cette course, tous les rites qui ponctuent l'existence : anniversaires, Noël, fêtes ou drames familiaux qui sont les points de repère du temps et des souvenirs communs. Fuir nos responsabilités et l'examen de nombre de mariages ratés, précisément à cause de nos absences. Finalement, s'étourdir dans ce tourbillon de départs, se brûler un peu plus la tête dans cette recherche du mouvement perpétuel, cette spirale de rencontres souvent sans lendemain où l'on s'abîme les yeux et l'âme à force d'ausculter les autres. Médecins impuissants, engourdis par la vitesse à laquelle défilent nos reportages.

On pourrait me croire timide. Je ne sais pas dire au revoir et j'ai du mal à me présenter car le *nec plus ultra* de la fuite est entre les deux : débarrassée des convenances, le moment sans fard de l'échange avec des êtres ou en osmose avec un événement. Comme suspendue, en dehors de l'espace et du temps quotidiens. Une douce ou difficile parenthèse qui s'élargit à notre « vie civile ».

Je ne sais pas m'expliquer : je pars. Je ne sais pas patienter : je disparais. Infligeant aux autres la violence de mon silence. Comme celui des morts.

Sur le terrain : la « diff » de Bagdad, Jérusalem, Alger...

J'envoie toujours des cartes postales des pays où je vais. Cette manie suscite souvent des regards étonnés de la part des vendeurs auxquels je m'adresse, dans ces régions que les touristes ont désertées depuis longtemps. C'est un de mes meilleurs amis, presque mon frère, Patrick qui était assistant à TF1, qui m'a convertie à cette pratique après m'avoir convaincue, sans mal, qu'un petit mot faisait toujours plaisir. Nous avons donc sacrifié à ce rite, pour le plus grand bonheur de nos familles respectives, durant des années.

Un matin, à Kaboul, il n'est pas venu en tournage avec nous pour aller à la poste. Les employés étaient tellement pauvres, à l'instar de tout le pays, qu'il fallait s'assurer qu'ils tamponnent bien les timbres pour les empêcher de les revendre aussitôt que nous aurions le dos tourné. Patrick était un des êtres les plus drôles et les plus sensibles que j'aie jamais connus. Partir avec lui en reportage était toujours un bonheur, quoi qu'il arrive. A Kaboul, j'ai vraiment eu mal aux côtes. Elles étaient cassées, à la suite d'un coup de crosse de kalachnikov bien placé, et il ne cessait de me faire rire en m'imitant :

« Quand tu auras quatre-vingts ans », disait-il car je me déplaçais comme une petite vieille et toutes ces pitreries nous faisaient oublier les horreurs que nous avions sous les yeux. L'Afghanistan, le Liban, l'Algérie, il promenait sa chaleur, sa compassion et son humour d'un drame à l'autre. Un jour en rentrant de Beyrouth durant la guerre, une hôtesse de l'air qui nous avait repérés, avec notre caméra et tout notre barda, nous demande si « ça c'était bien passé » avant de se reprendre et de poursuivre : « Evidemment ça s'est bien passé puisque vous êtes là. » Et Patrick de lui répondre, pince-sans-rire : « Pas du tout, à l'aller nous étions beaucoup plus nombreux ! ! ! »

Il n'a pas été tué à la guerre mais il n'aura jamais quatre-vingts ans. Il est mort en tombant de sa fenêtre du quatrième étage, un jour où je l'attendais pour déjeuner, quatre jours après mon anniversaire. Le policier qui diligentait l'enquête, obligatoire en cas de mort violente, a accepté de me parler car Patrick avait indiqué ma fête sur son agenda. Mais il n'y avait rien à dire sauf l'insubmersible douleur. A la morgue, du côté de la gare de Lyon, je ne l'ai pas reconnu tout de suite, comme si je ne voulais pas admettre son décès. Ses funérailles ont été son dernier clin d'œil : tout allait gentiment de travers comme s'il voulait nous faire rire une dernière fois. Ma mère qui avait perçu ma détresse sans que je lui dise rien m'a parlé d'un de ses amis dentiste, tué au Vietnam, quarante ans plus tôt. Elle m'a dit qu'elle pensait toujours à lui, si longtemps après sa disparition, et que c'était le moyen de le faire vivre. Toutes les nuits, j'ai rêvé de Patrick jusqu'au moment où, en songe, il m'a dit qu'il fallait que j'arrête de le harceler de mes pensées car il était arrivé et était bien là où il était. Il a quitté mes rêves mais pas mes pensées, lorsque je passe devant la morgue, presque tous les week-ends pour aller à la campagne, je lui adresse un petit coucou. Je vais bientôt avoir quarante ans et cela fait déjà une décennie qu'il n'est plus là pour surveiller, goguenard, les stigmates de la vieille dame qui sommeille en moi. J'inonde toujours tout le monde de mes cartes postales. Parfois, j'en envoie une à la mère de Patrick... misérable ersatz.

Ils sont rangés, selon mes critères, c'est-à-dire sans ordre, répartis dans différents endroits, à mon bureau, chez moi ou même à la campagne, petites taches de couleur comme autant de repères et de ponctuations. J'inscris toujours dessus le pays, la date de mon reportage et le numéro des chambres d'hôtel des hommes de mon équipe, le prénom de Patrick a disparu brutalement après avoir été décliné en rouge, en noir, en bleu, en vert, en gros, en petit, en fonction de la couleur et de la taille du stylo puisé au hasard au fond de mon sac : ce sont mes carnets. Personne d'autre que moi ne pourrait se repérer dans ce charabia de voyage, parfois pour des raisons de sécurité car je ne veux pas révéler des identités ou des lieux dans le cas où ils tomberaient entre des mains peu compatissantes dans des régions en guerre. Mais aussi parce que, parfois, j'invente de nouvelles abréviations ou une nouvelle écriture pour passer le temps dans des conférences de presse à mourir d'ennui ou pour avoir l'illusion de me créer une personnalité différente l'espace d'un moment. Les graphologues n'y retrouveraient pas leurs petits mais ils disent mes découvertes, mes révoltes, mes douleurs, mes fatigues, mes joies ou mes angoisses. Je ne les relis presque jamais, y compris sur le terrain, car écrire un nom ou un événement sur une page blanche les inscrit presque immédiatement dans ma mémoire. Sauf pour les chiffres, les distances ou les âges que je suis incapable d'évaluer, je ne sais pas compter. Ils sont tous écornés ou tachés, torturés dans mes sacs, sous mon bras, sur les tablettes des avions, sur mes genoux ou tombés par terre, servant aussi de coussin ou d'appui-tête lorsque je m'assois ou que je m'allonge à même le sol. Une fois, en Somalie durant le débarquement franco-américain, destiné officiellement à sauver la population de la famine, j'ai pris un énorme coup de poing dans l'œil pour « défendre » mon carnet : un pauvre hère voulait m'arracher mon sac, je n'ai pensé qu'à mes notes, j'ai résisté, il m'a frappée.

Quand je feuillette ces pages, rarement, en principe à l'occasion de bonnes résolutions : j'arrête de fumer, je fais du sport, je me couche tôt et je range mon bureau, moi qui ne suis que désordre, des visages reviennent se superposer sur des noms dans mon petit Panthéon à spirales. Je m'apitoie, me remémore, me replonge, me ressource, m'amuse, me réjouis, me retrouve, me « nostalgise », le temps passe dans ces souvenirs d'une page à l'autre et, finalement, je referme mes carnets, les renvoie à leur repos éternel au fond de mon placard et je repousse à la prochaine rentrée mes grandes décisions d'ordre bourgeois. Je n'utilise que des cahiers à spirales car sinon le papier se décolle à cause de l'humidité ou des mauvais traitements inhérents à ces cavalcades journalistiques. Or, je ne veux pas perdre une once de ces souvenirs, de ces émotions ou de ces combats que je maintiens à portée de tiroirs, dans mon fouillis personnel. Tellement personnel que j'ai demandé à mes copines de bureau de tout détruire si, un jour, je ne devais pas rentrer de reportage.

Je ne tiens pas à ce qu'on rapatrie mon corps car je ne me sens de nulle part ou, plutôt, je me sens bien presque partout et n'importe quelle terre sera pour moi accueillante. Mais je sais que, pour ceux qui restent, il est plus facile de faire le deuil si l'on revoie une dernière fois le défunt, à condition qu'il ne soit pas trop défiguré. Alors, finalement je n'ai rien contre un dernier petit voyage de retour vers l'Hexagone — qui serait le premier où je n'aurais pas peur en avion. Je voudrais simplement qu'on me rafistole et qu'on me grime, en signe de politesse et de coquetterie, pour être présentable.

« Etre présentable » : je tiens ce principe de ma mère qui me l'a inculqué dès le plus jeune âge, quelles que soient les circonstances. Un principe qui ne souffre donc aucune excuse : si un jour, je suis blessée, inconsciente et que l'on doive me dénuder, je dois avoir des sous-vêtements, de préférence, coordonnés... Une seule fois, j'ai croisé ma mère sur le terrain, au Liban. Elle était déjà sur place pour sa énième mission humanitaire, j'y arrivais pour un de mes premiers reportages. Elle me faisait remarquer si j'étais mal habillée (parfois) ou mal coiffée (souvent).

Un dimanche, rendez-vous est pris pour aller déjeuner chez une famille de ses connaissances qui habitait sur la ligne de démarcation, séparant l'est de l'ouest, les chrétiens des musulmans. L'épicentre du conflit. Au dessert, les premières explosions retentissent. Nos hôtes nous expliquent que nous devons partir immédiatement ou prendre le risque d'être bloquées des heures chez eux. Nous rejoignons donc l'antique voiture de ma mère et entamons un demi-tour au milieu de la chaussée pour prendre la bonne direction. A ce moment précis, surgit une horde du hezbollah, juchée sur un camion. Les hommes ont tous la tête ceinte du foulard vert, de la couleur de l'Islam, sur lequel est inscrit le nom d'Allah, ils sont hystériques, prêts à se battre jusqu'à la mort contre les chrétiens, or nous leur barrons la route, pauvres infidèles, avec notre véhicule. Ils hurlent en nous pointant avec leurs armes, je m'imagine déjà partant pour un monde meilleur, pendant que ma mère, très calmement, m'explique qu'elle ne peut rien faire car la marche du trottoir est trop haute, lui interdisant toute manœuvre. Je me mets à vociférer aussi fort que nos combattants contrariés qui commencent à descendre de leur camion et à s'approcher dangereusement de nous. « Mais merde, on se fout de ta bagnole et même si tu dois éclater un pneu, il faut que tu grimpes sur ce maudit trottoir pour libérer le passage. » Elle s'exécute au milieu des cris et du bruit des explosions de plus en plus proches, sans montrer le moindre signe de peur et ne m'adresse plus la parole. Elle considère qu'une fille n'a pas à parler sur ce ton à sa mère, ni à être grossière. Il faut savoir garder son sang-froid...

En tout cas, elle m'a donné une belle leçon de courage et de dignité qui ne s'est jamais démentie au fil des jours, frôlant souvent l'inconscience. Je la soupçonne de croire qu'elle a une connivence spéciale avec Dieu qui la protège et, par voie de conséquence, tous les gens qu'elle aime. Du coup, elle montre un mépris du danger hallucinant et refuse de se voir guider ses choix en fonction des endroits où s'écrasent les bombes. Elle va partout où l'on a besoin d'elle et nous avons d'ailleurs scellé notre réconciliation dans un dispensaire misérable de Beyrouth où j'étais allée la voir quelques jours après notre épopée sur la ligne de démarcation. Loin de s'attendrir, elle en a profité pour utiliser mes connaissances de la langue anglaise afin que je lui traduise précisément les propos du chirurgien avec lequel elle devait opérer le lendemain un pauvre vieux qui avait eu la moitié d'un pied arraché. J'avais le moignon du pépé quasiment sous le nez et la nausée me gagnait mais, faut-il le préciser, avec ma mère, il est inenvisageable de s'évanouir... Quand elle rentre en France, sa modestie l'empêche de raconter ce qu'elle a vécu. Même moi, sa fille, je n'ai découvert que récemment qu'elle avait reçu une décoration prestigieuse pour un acte de bravoure en Indochine, lorsqu'elle était toute jeune anesthésiste. Sa timidité lui interdit aussi de participer à des discussions avec des étrangers sauf si l'un de ses chers grands principes risque d'être attaqué. Dès lors, elle est capable d'affronter toute l'assistance. Je pense que c'est largement grâce à elle que j'ai vécu « mes guerres » avec un soupçon d'insouciance, le cœur toujours lesté du côté des victimes et avec des références claires et intangibles au bien et au mal. Le seul chapitre sur lequel elle a échoué est celui des gros mots : dans les moments de stress, je n'ai jamais réussi à me départir de cette mauvaise habitude. *Mea culpa, mea maxima culpa...* Physiquement, je lui ressemble beaucoup, en plus petite... forcément.

Au milieu de l'incommensurable « binz » que représente une mission, par respect pour les gentils diktats de ma mère, il ne faut pas que j'oublie d'appeler pour souhaiter un bon anniversaire à mon père, (en 1991, le 16 janvier, c'était pratique : je ne risquais pas de le manquer puisque c'était le début de la guerre du Golfe), ou que j'écrive un petit mot à une vieille dame de notre entourage « qui s'est cassé le col du fémur et à qui ça va faire tellement plaisir ». Et à chaque coup de fil, elle en profite pour me rappeler que je dois me coucher tôt, comme elle le faisait quand j'étais enfant. Résultat : j'ai acquis avec ce bagage de devoirs à accomplir qui se déclinent parfaitement dans le monde du reportage, et malgré mon désordre inné, la capacité à gérer des situations difficiles parce que, tout simplement, il est impossible de faire autrement et que, comme je le dis toujours, en ne dormant pas et en ne mangeant pas, c'est fou ce qu'on gagne comme temps ! ! !

Pour faire ce métier, il faut une santé de fer. Il paraît que les prématurés dont je fais partie, une fois qu'ils ont échappé à la mort dans les premiers jours de leur vie, sont doués d'une énergie farouche. Il faut aussi un amour débordant des autres et être le magicien qui mettrait au diapason, dans les endroits les plus dévastés de la terre, les moyens techniques ultra sophistiqués dont nous disposons, pour transmettre toutes nos « histoires » à Paris. Nos confrères de la presse écrite s'amusent toujours beaucoup de nous entendre parler de la « sacro-sainte diff », la diffusion de nos sujets par satellite qui doit se faire à une heure très précise et dont la durée n'excède jamais quelques minutes, car la réservation du satellite coûte très cher, ce qui explique notre angoisse permanente de rater la diff...

Nous nous installons pour faire le montage dans un endroit où nous pouvons avoir du courant — notre seul impératif. Le confort vient ensuite, en espérant avoir un peu de calme pour se concentrer. Cependant, le bruit ne me dérange pas, au contraire le silence me gêne. Lorsque j'étais petite, je faisais mes devoirs le soir dans la cuisine où s'affairait ma mère, avec de préférence la radio allumée, qui me tenait déjà au courant de l'état du monde, en fond sonore. Cette vieille habitude me permet de travailler dans, à peu près, n'importe quel environnement. Je me souviens d'un de mes premiers sujets de guerre où le monteur était un vieux briscard. Je l'observais, en train de « caler » le son des explosions. Ainsi, on entendait le « boum » au moment où on voyait l'impact alors que, dans la réalité, il n'intervient que quelques fractions de seconde après le bombardement. « Si tu fais pas ça, ma cocotte, les télespectateurs vont pas te croire, ils sont trop habitués aux films de guerre américains... » Va pour la synchronisation de la catastrophe. Carl von Clausewitz lui-même, dans son livre *De la guerre*, explique que « les fins et les moyens étudiés en stratégie ne sont empruntés qu'à l'expérience ». Ce jour-là fut un des plus meurtriers du conflit du Liban...

Il faut aussi, dans la mesure du possible, trouver des Français capables d'enregistrer la traduction des interviews réalisées dans une langue étrangère pour envoyer un « sujet complet » à la rédaction, c'est-à-dire un PAD, prêt à diffuser, dans le journal de 13 heures ou 20 heures. Nous demandons ce service, soit à un membre de notre équipe, soit à un confrère qui passe par là et qui est d'accord pour nous prêter sa voix quelques instants.

Tout cela ne signifie pas pour autant que le

milieu de la presse n'est que synonyme de bonheurs et de rencontres formidables. Les journalistes sont des individualistes forcenés qui ne sont pas toujours, loin s'en faut, solidaires. Il faut nous voir, dans l'attente d'une conférence de presse importante, nous organiser pour que tout se passe le mieux possible. Invariablement, nous décidons que les photographes se tiendront au premier rang pour faire quelques clichés à l'arrivée de la personnalité puis qu'ils s'assoiront pour laisser travailler les cameramen et qu'en conséquence les confrères des radios, une fois qu'ils ont placé leurs micros, et ceux de la presse écrite prendront place sur les sièges du fond. Tout se passe comme prévu jusqu'à l'instant précis où apparaît la star du jour : dès lors, la scène se résume à une foire d'empoigne où Joseph Kessel ne retrouverait pas ses petits. Les insultes fusent et éventuellement quelques coups bien placés. Lors d'une rencontre d'Arafat avec les médias, j'ai vu un preneur de son déplier sa perche au bout de laquelle se trouve en principe le micro, pour l'asséner de toutes ses forces sur la tête d'un photographe qui refusait de s'asseoir, contrairement aux pseudo-engagements pris quelques minutes auparavant. La bagarre atteint son paroxysme lorsque les membres des forces de sécurité s'en mêlent, réconciliant du coup tous les membres de notre auguste profession.

Il n'est pas non plus question d'espérer faire front aux pouvoirs en place. Si nous refusons de travailler à leurs conditions, il se trouvera toujours un « petit malin », pour ne pas dire une ordure, qui cédera et de fait sera le seul à aller tourner et à avoir des images. Bon courage, ensuite, pour aller expliquer à votre rédaction pourquoi vous n'avez pas le reportage en question... Les grands principes, c'est bien mais, parfois, la « diff » c'est mieux...

Le moment « M » est celui du direct où, par définition, aucune erreur n'est admise. Je n'ai jamais été trop stressée par cet exercice car mon imagination, sûrement limitée, ne me permet pas vraiment de réaliser que, derrière l'objectif de la caméra qui me filme, se trouvent en fait des millions de téléspectateurs. Il faut nous voir, les « envoyés spéciaux », durant les grandes crises, tous alignés en rang d'oignons, en train de raconter à peu près la même chose, en français, en anglais, en allemand, en espagnol, en italien, en turc, en russe ou en japonais. Tout le monde hurle, comme dans une véritable tour de Babel, quand les liaisons ne fonctionnent pas, chacun rejetant sur l'autre la responsabilité du problème. Paris accuse les techniciens locaux d'être des incapables, ceux-ci retournent la politesse et nous faisons tampon dans la langue de Shakespeare, égayée pour l'occasion de nombreux mots de Cambronne. Mais en principe, le miracle a lieu chaque fois et, au plus tard quelques précieuses secondes avant nos interventions, nous entendons parfaitement le présentateur qui doit nous poser des questions.

Nous logeons au gré des reportages dans de grands hôtels ou au contraire dans des bouis-bouis immondes, si ce n'est sous un hangar au bord d'une piste d'aviation. Avec un œil toujours rivé sur notre matériel (caméra, banc de montage, mixette), objets de toutes nos attentions car ils coûtent une fortune (des centaines de milliers de francs) et surtout que, sans ces petites babioles électroniques, nous ne pouvons plus exercer notre métier. Le plus souvent, nous sommes « défoncés » à la fatigue qui nous donne parfois un petit côté euphorique et nous fait repousser les frontières du sommeil. Mes oreillers les plus durs furent les chenilles d'un véhicule blindé derrière lequel j'ai dormi l'espace de quelques heures, transie de froid, face à des combattants chrétiens libanais, lors d'une bien courte trêve.

En Albanie, durant la guerre du Kosovo, nous étions souvent hébergés chez les habitants dont les salles de bains se réduisaient à des w-c à la turque qui faisaient également office de douche... Nous avons donc tous investi dans la « tong », habituellement réservée aux estivants sur les plages, pour protéger nos pieds de tout contact douteux durant nos ablutions.

Nous nous nourrissons de ce que nous trouvons, souvent à prix d'or car les conflits sont toujours synonymes d'inflation pour le plus grand bénéfice de quelques « salopards ». Ainsi, en pleine guerre du Golfe, le directeur de l'hôtel où nous avions élu domicile depuis le début de la crise en Arabie Saoudite, nous a benoîtement annoncé un jour qu'il voulait augmenter le prix des chambres. Tous les journalistes, pour une fois solidaires, ont menacé dans un bel ensemble de partir... il n'y avait quasiment que des représentants de la presse dans l'établissement, le gérant a donc fait machine arrière. En ce qui concerne la nourriture, quel que soit l'endroit du monde, le riz et le poulet sont des valeurs sûres pour ne pas tomber malade et j'ai découvert chez mes confrères des talents culinaires insoupçonnés. Je me souviens notamment d'un séjour à Sarajevo où l'un d'entre eux nous préparait tous les soirs des bananes flambées, profitant de l'arrivée massive de ce fruit, nourrissant et inoffensif d'un point de vue digestif, sur les marchés. Nous avons également une réserve de pastilles pour purifier l'eau et nous essayons ainsi de nous prémunir contre toutes les bactéries et autres microbes qui pullulent dans ces contrées dévastées. J'ai d'ailleurs appris à boire moins qu'un chameau dans le désert pour limiter les risques et éviter d'être obligée de satisfaire un besoin naturel, dans des endroits répugnants ou en pleine pampa, sans même un arbre pour se dissimuler. Malgré toutes ces précautions, j'ai quand même attrapé une espèce de maladie du sommeil en Somalie, un virus qui aurait pu me rendre aveugle en Irak, des maux d'estomac à se plier en deux je ne sais plus où, un genou éclaté en Iran, un tympan abîmé au Liban et une solide philosophie de la vie qui me permet d'avoir une certaine distance vis-à-vis du luxe et des convenances petites-bourgeoises...

Surtout, au fil de ces années, j'ai gagné d'extraordinaires amitiés avec les membres des équipes qui, comme on le dit si souvent au festival de Cannes, « m'ont permis de faire ce merveilleux métier ». Plus d'un a risqué sa vie pour que le sujet arrive à Paris. Un assistant, un vieux de la vieille, s'était rendu célèbre en se mettant les bras en croix sur le tarmac d'un aéroport pour empêcher l'avion de décoller et remettre à son équipage la précieuse cassette. D'autres ont traversé des villes en guerre pour aller à la « diff » au mépris du danger, pour deux petites minutes de reportage dans le JT. Combien de vacances annulées, de projets revus et corrigés pour partir au pied levé à l'autre bout de la planète ? D'un reportage à l'autre, notre complicité s'accroît pour avoir connu des peurs, des révoltes et des fous rires identiques. Nous formons une bande d'amis car aucun chef n'aurait l'idée de nous imposer de travailler avec des gens que nous n'apprécions pas, dans des conditions aussi fatigantes, voire difficiles ou dangereuses. Nous nous cooptons tous et aimons les moments où nous sommes ensemble même si, une fois rentrés à Paris, nous reprenons chacun notre petit bonhomme de chemin et n'éprouvons pas le besoin de nous revoir dans des dîners. Mais nous savons que nous sommes solidaires, qu'un lien indestructible et pudique nous unit et que nous pouvons nous appeler du bout du monde pour nous confier nos joies et nos faiblesses, sur les lignes des téléphones satellite qui parfois nous font des voix de canard. Si l'un flanche, le secret sera gardé par respect pour les règles non écrites de notre *omerta*. Ainsi, un de mes plus chers amis m'a débusquée un jour au milieu de mes vacances au Sénégal pour m'annoncer qu'il avait failli ce jour-là être exécuté par des Serbes, dans une montagne enneigée, au tout début de la guerre du Kosovo. Je l'entendais à peine et, de mon bungalow de rêve inondé de soleil, je lui hurlais qu'il fallait qu'il arrête, que tout ça ne valait pas la peine de se faire flinguer. J'avais mal à la tête. De retour en France l'un et l'autre, quelque temps plus tard, nous avons organisé notre petit « brain storming » pour conclure qu'en effet il était peut-être temps de tourner la page et de s'assagir. « De la coupe aux lèvres... », nous sommes repartis, ensemble ou séparément, pour un ou deux coups tordus dans les mois qui ont suivi...

Avec lui, « j'ai fait » la guerre du Liban, la guerre du Golfe, l'Afghanistan, l'Algérie, l'Irak, Israël et la Palestine... Nous avons failli mourir ensemble lors d'un attentat suicide à la frontière irano-afghane. Il a fait ce que peu de journalistes pensent à faire dans ces moments-là. Il a posé sa caméra pour sauver tous ceux qu'il pouvait, en aidant les blessés ou même en les forçant à monter dans des hélicoptères qui représentaient le seul moyen d'évacuer les lieux de cette incroyable fusillade à la mitrailleuse lourde, la 12,7 pour les spécialistes. Une autre fois, dans un hélicoptère justement, nous avons encore failli partir pour l'au-delà, attaqués par la DCA à Beyrouth. Nous nous regardons d'un air complice et faussement suspicieux dès que nous nous retrouvons ensemble dans quelque objet volant que ce soit... Nous nous comprenons d'un battement de cils, nous nous promettons de grands débats lorsque nous ne sommes pas d'accord sur les décisions ou les risques à prendre. Dans le désert saoudien durant la guerre du Golfe, nous repoussions toujours l'explication à la prochaine pompe à essence où nous étions sûrs d'avoir quelques instants de répit, le temps de faire le plein. Mais arrivés à la station-service, notre colère était retombée et nous éclations simplement de rire. Un jour, durant cette prétentieuse « Tempête du désert », nous avons cru que notre sort allait finalement être scellé par le dernier-né des hélicoptères : un Apache américain, « tueur de chars » pour les intimes, qui s'était mis en vol stationnaire au-dessus de notre voiture à basse altitude... Quand je pense qu'à l'origine, ces drôles de machines volantes devaient être des ambulances du ciel et non pas de redoutables armes de guerre... Dernièrement, enfin, nous étions à bord d'un appareil à destination de Tel-Aviv quand un réacteur, à la suite d'un grand boum, a arrêté de fonctionner. J'étais terrorisée car un de mes pires cauchemars durant des années était alimenté par des avions qui explosaient et disparaissaient en flammes. Il m'a dit : « Ecoute-moi bien, on ne va pas mourir maintenant, on a fait trop de trucs dangereux dans notre vie pour mourir bêtement dans un accident. » J'étais consciente que son raisonnement était un peu bancal mais Dieu m'est témoin que je ne demandais qu'à le croire... Lorsque nous sommes tous les deux en France le 1er septembre, jour anniversaire de la mort de Patrick, notre ami assistant, nous allons sur sa tombe.

Parfois aussi, nous travaillons avec des équipes locales. Ainsi durant tout le début de l'Intifada, le soulèvement palestinien, j'ai tourné avec des preneurs de son israéliens, de 1988 à 1990, et toujours le même cameraman : Arik. Nous faisions quasiment les 3/8 car, à l'époque, il fallait, en plus du 13 heures et du 20 heures, « fournir » le journal du matin et celui de la nuit. Nous avons écumé tous les territoires palestiniens en banissant l'hébreu de nos discussions pour des questions de sécurité. Les Israéliens avaient d'ailleurs souvent bien du courage de se jeter ainsi dans la gueule du loup. Un jour, avec Arik, nous avons appris que des jeunes Palestiniens avaient été tués par des militaires de Tsahal dans un village du côté de Tulkarem, bien au nord de Jérusalem. Nous sommes immédiatement partis, la zone était sous couvre-feu mais nous avons réussi à passer et nous nous sommes retrouvés dans ce hameau... en cul-de-sac. La population est sortie à notre arrivée, folle de colère et de douleur. Arik et moi nous sommes regardés en même temps, conscients que, si les habitants découvraient que le preneur de son et lui-même étaient israéliens, ils risquaient de se faire écharper, d'autant que l'armée se trouvait en contrebas et ne pouvait rien voir de la scène. Nous ne pouvions compter sur aucun secours. Tout bas, en anglais, Arik m'a dit : « Continue à leur parler, je vais retourner à la voiture et faire demi-tour pour que nous puissions partir. » J'ai exécuté son ordre, en l'observant manœuvrer du coin de l'œil car notre Volvo était cernée par la foule et ne pouvait s'en dégager que centimètre par centimètre. Pendant ce temps, les familles des *chouhadas*, les martyrs, me montraient où leurs fils étaient tombés sous les balles des soldats. Nous nous sommes éclipsés dans le calme, bénissant le ciel d'avoir pu nous en tirer à si bon compte. Quelque temps plus tard, Arik est venu me voir pour m'expliquer qu'il en avait assez de toute cette violence, qu'il ne voulait plus couvrir le *balagan* dans les *chtakhim* : le soulèvement dans les territoires. Ce n'était pas par couardise. Il renonçait tout simplement à aller dans des endroits où les Israéliens étaient *persona non grata*, où nul ne souhaitait leur présence. Il s'est tenu à cette décision. Je l'ai revu fin 1991 à Madrid pour la première conférence de paix entre l'Etat hébreu et les Arabes. Il travaillait à la télévision israélienne et je fus heureuse de le retrouver pour assister avec lui à ces premiers balbutiements du dialoge entre les frères ennemis du Proche-Orient.

Vient également s'agréger à notre petit groupe, durant nos reportages, un traducteur parlant soit la langue de Molière ou au moins celle de Shakespeare pour nous accompagner partout et restituer le plus fidèlement possible ce que disent nos interlocuteurs. Nous partageons avec eux souvent plus de choses qu'avec nos amis en France car nous vivons des moments intenses où nous sommes face à nos peurs, nos limites et nos valeurs. Nous les découvrons au hasard des rencontres ou par le biais du bureau de l'Agence France-Presse local qui a toujours un carnet d'adresses bien fourni.

En Afghanistan, en 1992, lorsque les moudjahiddines ont pris Kaboul et se sont déchirés entre différentes factions pour en avoir le contrôle, j'ai ainsi recruté dans l'urgence Ahmed qui stationnait devant mon hôtel, espérant gagner quelques dollars en louant son mini-bus. Il maîtrisait la langue de Goethe, que j'avais étudiée plus de dix ans, pour ma grande chance en l'occurrence. A l'époque, nous n'avions pas la possibilité de faire le montage sur place et j'envoyais donc les *rushes* à Paris, c'est-à-dire, presque toutes nos images avec mes indications pour construire le sujet. Par téléphone, ensuite, je retraduisais en français la traduction en allemand qu'avait faite Ahmed de nos interviews ! ! ! Il parlait aussi vite qu'il conduisait, à toute allure, dans les rues défoncées de la ville et refusait obstinément de s'arrêter aux barrages érigés par les miliciens, investi qu'il était de la mission historique de la presse et convaincu dès lors que nous étions intouchables. Mes mises en garde n'ont servi à rien jusqu'au jour où inévitablement nous nous sommes fait rafaler par un « moudj » qui n'avait pas eu le temps de lire le panneau TV collé sur la voiture... si tant est qu'il ait su lire ! ! ! Heureusement, dans le doute, cet as de la kalachnikov avait tiré en l'air, à quelques centimètres au-dessus du toit de notre véhicule. Ahmed ne m'avait pas tout dit de lui et notamment qu'il était une star de la musique dans son pays. Les programmes de télévision finissaient souvent par une de ses chansons avant que les fous de Dieu n'en prennent la direction. Un jour, nous étions ensemble devant le palais présidentiel, enjeu de tous les combats de la journée, et les « moudj » ne voulaient pas nous laisser passer, ils devaient en référer d'abord à leur chef. Nous avons donc attendu, pendant les bombardements de l'autre côté de la rue, jusqu'à ce qu'un des miliciens vienne parler à Ahmed et lui fasse signer un papier. Puis il est reparti. Devant le silence de mon traducteur-chauffeur, je lui ai demandé, sûrement d'un air peu amène dû à l'impatience : « *Was passiert ?* » Timide et modeste, Ahmed m'a expliqué que le combattant en question était un de ses admirateurs et qu'il lui avait tout simplement demandé un autographe... en pleine fusillade ! ! ! Malgré la présence de ce représentant du fan-club local, nous n'avons jamais pu obtenir le droit de filmer à l'intérieur du palais et nous sommes repartis pour terminer ailleurs notre reportage.

Les endroits où les affrontements faisaient rage dans la capitale ne manquaient pas : en deux semaines de luttes fratricides entre les différents clans de la guérilla afghane, que Ronald Reagan avait de manière fort inappropriée surnommés « les combattants de la liberté », Kaboul a été plus détruite qu'en dix ans de guerre avec l'Armée rouge ! Lorsqu'il a constaté cet effroyable résultat, Ahmed a vu une décennie de rêves s'effondrer, il pensait que les moudjahidines allaient libérer le pays, or ils se préparaient à le renvoyer dans les limbes du Moyen Age. Mon Johnny Halliday afghan, dès lors, ne pensait plus qu'à partir. Je suis allée à l'ambassade de France pour essayer de lui obtenir un visa mais j'ai échoué dans ma démarche. Je suis rentrée à Paris, le cœur gros de culpabilité et de chagrin et je n'ai jamais osé téléphoner à Ahmed, de peur qu'un coup de fil de l'étranger ne le désigne à la vindicte des nouveaux maîtres archaïques de l'Afghanistan.

En Albanie, durant la guerre du Kosovo, nous avions un chauffeur, Freddy, amoureux de sa Mercedes et un traducteur, Arian, qui était médecin mais avait délaissé son stéthoscope pour se mettre au service, autrement plus rémunérateur, de la presse étrangère. Nous nous trouvions à Kukes, à la frontière nord où arrivaient par vagues les réfugiés kosovars. La nuit nous entendions les avions de l'OTAN qui nous survolaient pour aller bombarder les positions serbes. Un matin, j'ai appelé Paris pour proposer de quitter cette ville qui était « surcouverte » par les médias car j'ai horreur des grands « barnums » où s'agglutinent tous ceux qui comptent dans la presse mondiale. Je voulais partir sillonner le pays pour montrer l'état dans lequel il se trouvait. Aussi pauvre qu'une contrée africaine à un jet de pierre de Paris. Freddy et Arian nous guidaient d'une région à l'autre de cette misère, hérissée des milliers de bunkers que, dans sa paranoïa, le défunt dictateur Enver Hojda avait fait construire dans la perspective de la « der des der ». Nous circulions avec un camion de direct qui nous permettait d'écrire au jour le jour ce carnet de route, du port de Durres où débarquaient les militaires de l'Alliance à un complexe métallurgique, fruit d'un quelconque plan quinquennal mégalomaniaque, aussi gigantesque qu'abandonné dans la province d'El Basan. Durant quelques jours, une unité du génie français a même accepté de veiller sur notre précieux matériel de diffusion car nous avions peur de nous faire détrousser par la mafia. Tout le paysage semblait avoir été figé au milieu des années cinquante et Freddy et Arian espéraient que ce conflit permettrait au moins à l'Albanie, qui accueillait tant de réfugiés, de retrouver une petite place dans le concert des nations, dignes de ce nom. Un soir, ils ont d'ailleurs pris des risques inouïs, roulant à tombeau ouvert sur les routes défoncées des environs de Tirana, pour que notre reportage qui montrait à quel niveau d'indigence était réduit le pays arrive en temps et en heure à Paris. Nous nous sommes quittés, un peu émus, sachant que nous n'avions que peu de chances de nous revoir un jour, même si nous étions bardés des numéros de téléphone des uns et des autres. Arian est retourné à son hôpital, Freddy à son taxi et l'Albanie à l'indifférence internationale.

A Gaza, star bien malgré elle des médias, je travaille depuis des années avec le même traducteur-journaliste : Azmi. Il jure comme un vrai Yankee quand les choses ne vont pas comme il veut, c'est-à-dire souvent, une manie qui constitue le souvenir désormais lointain de l'époque où il a poursuivi des études aux Etats-Unis. Comme tant de ses congénères, il est « prisonnier » dans sa bande de terre, coincé entre l'Etat juif et l'Egypte. Depuis des années, les Israéliens refusent de lui délivrer le laissez-passer nécessaire pour se rendre à Jérusalem, à une heure de route seulement. Les autorités ne motivent même pas leur refus : c'est le fait du prince. En 1996, Azmi a fait preuve d'un courage remarquable, en allant filmer pour TF1 les affrontements armés qui opposaient Israéliens et Palestiniens. Il se trouvait quasiment au milieu de la fusillade, ses images étaient spectaculaires. Un an plus tard, nous avons décidé ensemble, avec l'aval de la rédaction, de réaliser un magazine sur la vie quotidienne à Gaza : « Chronique d'une tempête annoncée ». Je n'ai jamais vu Azmi aussi heureux. L'idée que les Français puissent consacrer autant de temps au sort des Palestiniens le galvanisait. Nous sommes restés enfermés avec lui pendant près de deux semaines à filmer, d'une humiliation à l'autre des punitions collectives, le résumé de l'existence de ce territoire. Très souvent, nous nous sommes levés à trois heures du matin pour suivre, à l'aube, les travailleurs palestiniens qui tentaient de se rendre en Israël pour pouvoir travailler et nourrir leur famille. Ils sont obligés de passer dans un couloir grillagé, dissimulé par des murs de béton, alors que les étrangers traversent « à l'air libre » de l'autre côté et, du coup, sans rien voir du traitement infligé aux plus pauvres par les Israéliens. Un système qui ressemble à s'y méprendre à l'apartheid. La couleur de la peau en moins. Azmi oscillait entre la colère et le découragement. Nous en restions à l'écœurement, surtout quand les malades ou les blessés qui nécessitaient des soins en Israël ne pouvaient pas sortir. Nous avons réussi à faire venir Azmi en France pour le montage de notre sujet. Il avait averti tout Gaza de son voyage et s'est fait photographier près des monuments les plus célèbres de Paris pour en témoigner. Un week-end, je l'ai emmené à la campagne. Au bout d'une demi-heure de route, il s'est tourné vers moi : « Tu sais, m'a-t-il confié, cela fait des années que je n'ai pas roulé aussi longtemps sans voir un barrage... »

Nous avons eu le prix Albert-Londres, le plus prestigieux de la presse francophone, pour notre reportage. Une parenthèse de bonheur. Mais depuis

Azmi a toutes les raisons du monde de continuer à jurer tant la situation se dégrade à Gaza, transformée en prison. La plus grande du monde avec son million d'habitants. Récemment, un colon israélien qui avait tué un enfant palestinien a été condamné à six mois de travaux d'intérêt général... Et la guerre s'installe dans l'indifférence totale... Une fois, il m'a appelée de son téléphone portable, alors que j'étais à Jérusalem, en plein bombardement israélien sur le QG de la marine palestinienne à Gaza où il se trouvait. Il s'agissait de la première attaque de cette envergure et j'entendais dans l'appareil le bruit des explosions, la respiration de plus en plus haletante d'Azmi qui courait pour essayer de se mettre à l'abri et les hurlements des gens alentour. Je ne pouvais rien faire pour lui sauf lui parler... Cela me brûle la tête et le cœur de savoir qu'il survit avec sa famille et ses trois enfants dans ce cauchemar.

« *Indemne : adj. Qui n'a souffert aucun dommage, aucune blessure. Sortir indemne d'un accident.* » Définition du dictionnaire de notre temps, Hachette, 1990. Année du début de la guerre du Golfe. On ne sort jamais indemne des reportages de guerre. Cela semble évident au commun des mortels mais pas aux grands reporters qui le nient, le plus souvent. Un jour, je croise dans un couloir une jeune femme qui travaille au service de presse de TF1, elle arbore un sourire d'une oreille à l'autre : « J'en ai une bien bonne à te raconter, imagine-toi qu'il y a une journaliste stagiaire de la presse écrite qui m'a téléphoné pour me demander les coordonnées du centre psychologique où vous êtes suivis quand vous rentrez de reportages traumatisants.... Elle est drôle, non ? D'ailleurs, elle ne m'a pas crue, cette idiote, quand je lui ai dit qu'il n'y en avait pas, on voit bien qu'elle commence dans la carrière. » A mon tour d'exhiber un sourire, le « spécial ironique », destiné à appuyer sur le côté ridicule de cette pauvre consœur qui croyait tenir l'idée d'un article intéressant. Car bien sûr, il est hors de question d'avouer. D'avouer que l'on aurait sûrement besoin parfois d'une aide pour digérer l'inadmissible. On peut le cacher, le dissimuler, le noyer dans un verre d'alcool ou un fou rire, mais il y a une fêlure pour toujours, surtout du côté du cœur. La peur et l'angoisse s'insinuent et mettent un voile devant les yeux : on ne voit plus jamais la vie de la même façon. Montaigne pensait avoir tranché la question en affirmant qu'il y avait plus de courage à vivre la vie de tous les jours qu'à accomplir un acte héroïque. Certes, mais lorsque l'on se retrouve face à des situations extrêmes, on vit chaque seconde avec des questions lancinantes dans la tête. En télévision, par définition, nous sommes toujours toute une équipe : journaliste, cameraman, preneur de son, monteur. Au fil des années, nous savons reconnaître dans nos yeux les sentiments des uns et des autres. Ce sont souvent des regards qui réconfortent, qui transmettent du courage lorsqu'on en manque et qui remplacent toutes les paroles. Ils indiquent aussi parfois qu'il vaut mieux s'arrêter...

Et dans ces moments-là, toute modestie mise à part, je me sens capable de contredire Montaigne et d'échanger n'importe quel reportage contre n'importe quelle vie, rythmée par le bon vieux métro-boulot-dodo, 8 heures-midi, 2 heures-6 heures. C'est François, l'assistant avec lequel j'ai « couvert » la guerre du Golfe qui a, un jour, le mieux résumé cette philosophie.

Nous étions en plein désert et... en pleine infraction aux lois édictées par les Américains, c'est-à-dire sans accréditation, sans « accompagnateur-censeur » du service de presse des armées et, pour couronner le tout, nous étions « déguisés » en militaires, en tenue couleur « sable du désert », seul moyen de passer inaperçus et de faire notre travail dans cet immense champ de bataille hollywoodien. Le hasard nous a conduits vers une position britannique, en pleine effervescence due à une angoisse bien compréhensible puisque ces soldats venaient d'être avertis qu'il y avait une alerte chimique, en d'autres termes qu'il était possible que l'armée de Saddam ait utilisé des gaz toxiques. De notre côté, nous avons eu un double choc : d'abord celui de voir ces « Rats du désert », ainsi que l'on désigne les tankistes d'Albion depuis l'époque de Montgomery, équipés des masques et tenues NBC (antinucléaire, bactériologique et chimique) ce qui signifiait que nous étions contaminés, le cas échéant, car nous ne portions pas le matériel de protection nécessaire et, dans la même fraction de seconde, nous avons eu le choc de voir les soldats de Sa Gracieuse Majesté nous mettre en joue car, dans la panique, ils ne nous entendaient pas crier que nous étions journalistes... Or à l'époque, les troupes de la coalition de cette « tempête du désert » redoutaient des attaques de commandos suicides. Nous sommes descendus bien sagement de notre voiture, *hands off* (mains en l'air), en veillant à ne pas faire de mouvements brusques tout en nous approchant des Britanniques. Je pensais à ce qu'on appelle les *friendly fires*, une expression qui n'a pas vraiment d'équivalent en français, mais qui signifie que l'on se fait tuer par des alliés. C'est à ce moment-là, alors que notre sort dépendait de la nervosité d'un soldat qui avait le doigt sur la détente, que François, fils, petit-fils et arrière-petit-fils d'employés de bureau qui avaient toujours rêvé de le voir embrasser une carrière administrative, a dit tout bas : « Quand je pense que je pourrais être au guichet numéro trois de la Banque de France... » Pourquoi numéro trois, je n'ai jamais pensé à lui poser la question. En tout cas, c'était le cri du cœur et de l'humour qui est devenu notre gag à répétition de ce conflit et de bien d'autres. Les British ont eu la bonne idée, d'abord de ne pas nous tuer et ensuite de ne pas nous livrer aux Américains qui avaient promis d'expulser les journalistes qui refuseraient de travailler selon leurs règles. *God save the Queen...* et merci à Saddam de ne pas avoir utilisé les armes chimiques.

La guerre du Golfe, une des grandes escroqueries médiatiques du siècle a commencé pour moi comme un gag. Il préfigurait les mois qui allaient suivre, tragi-comiques, où les pouvoirs politiques occidentaux voulaient tout contrôler et les journalistes tout expliquer alors qu'ils n'avaient pas accès aux informations. Nous avions affaire à des militaires qui jouaient à sentir bon le sable chaud et qui voulaient nous prendre de haut alors que la plupart d'entre eux n'avaient jamais entendu siffler une balle. Contrairement à notre cohorte de grands reporters qui avait écumé le Liban, la frontière Iran-Irak ou l'Afghanistan, ce qui ajoutait encore plus de piquant à nos relations. Les Américains, traumatisés par les images du Vietnam qui leur avaient fait perdre la bataille télévisuelle et donc le conflit, avaient décidé de sortir la grosse Bertha pour encadrer la presse. Hors de question de perturber la bonne conscience du télespectateur en lui infligeant, à l'heure des repas, l'image sanguinolante d'un GI blessé ou, pire, mort.

Dans la nuit du 16 au 17 janvier 1991 donc, un confrère m'appelle dans ma chambre où je dormais du sommeil du juste pour m'avertir que la guerre venait d'éclater. Dans les brumes de mes rêves optimistes, je lui raccroche au nez en lui disant que sa plaisanterie n'est pas drôle. Il rappelle instantanément et me confirme la nouvelle. Cette fois-ci, au ton de sa voix, je comprends qu'il ne me ment pas et je me suis habillée en quelques secondes. Nous partons avec mon équipe à l'hôtel où nous avons installé notre bureau, à cinq minutes de voiture de là, le long des pistes de l'aéroport d'où décollent F16, Tornado et autres Mirage pour aller bombarder l'Irak, dans un ballet mortel. La pauvre réplique irakienne arrive : des missiles SCUD sont tirés sur Dharan. Nous nous retrouvons poussés aux abris par des militaires américains, armés de matraques, qui nous enjoignent de mettre notre masque à gaz. Manuel filme ces scènes surréalistes d'hommes « à tête de cochon »... sauf quelques-uns. Les membres d'un équipage civil qui avaient eu peur de décoller au début de l'offensive aérienne, entre bombardiers et chasseurs, et qui se trouvaient là... avec un kleenex sur le nez, autant dire aucune protection. La paranoïa n'a pas tardé : chacun de se demander quand aurait lieu le premier assassinat commis par un pauvre hère qui voudrait récupérer un équipement NBC. Ils étaient légion dans le pays car les Saoudiens qui étaient « prêts à mourir jusqu'au dernier Américain » avaient refusé de rendre leur passeport, qu'ils confisquent dès leur arrivée à leurs employés étrangers, Philippins, Pakistanais ou autres

Egyptiens pour qu'ils restent sur place et continuent à faire tourner le commerce durant la guerre. Est-il utile de préciser que la plupart des Saoudiens avaient pris la poudre d'escampette et s'étaient réfugiés hors de portée des SCUD, à La Mecque, Djeddah ou même en Europe ou aux Etats-Unis... Première leçon de nausée dans cette « guerre chirurgicale ». Les autres se sont succédé à un bon rythme.

Au terme de cette première nuit blanche, je pense à mon père cardiaque dont c'est l'anniversaire. Je redoute le choc qu'il va avoir au réveil en entendant que la guerre a commencé, même si les communiqués de victoire américains se multiplient, notamment avec le témoignage d'un pilote américain, caricature de l'abruti que savent parfois produire les armées, qui explique que Bagdad est tellement bombardée qu'elle ressemble avec toutes ces explosions à un sapin de Noël... Je décide donc d'appeler chez mes parents pour leur annoncer la nouvelle de ma propre bouche, en entonnant le vieux tube : j'ai deux nouvelles une mauvaise et une bonne. La mauvaise est que la guerre a commencé, la bonne est qu'elle est presque terminée à en croire le commandement allié. Mon père se rendort serein. Puis j'arme ma grosse Bertha psychologique à moi : j'appelle ma sœur, toujours calme et optimiste, pour lui demander de passer chez nos parents dans la journée pour s'assurer que le moral est bon. Mais je suis interrompue au milieu de ma phrase par la deuxième alerte signalant une attaque de missiles. Je n'en dis rien à Patricia mais je raccroche en promettant de la rappeler tout de suite. Résultat, le temps de redescendre aux abris, de faire un papier par téléphone avec Paris, quarante-cinq bonnes minutes se passent avant d'honorer ma promesse et ma sœur a beau ne pas être d'un tempérament inquiet, cette fois-là, elle a cru qu'il m'était arrivé un sérieux problème, voire même de l'ordre du définitif !

Cette question d'intendance affective réglée, j'ai pu me replonger dans mes leçons de nausée, dans cette guerre qui finalement, malgré ses sapins de Noël, s'est éternisée.

Frontière saoudo-koweitienne avant l'offensive terrestre. Les spahis et les légionnaires sont déployés en première ligne. Ces hommes devront faire rempart et peut-être se battre au corps à corps avec les Irakiens (selon la version officielle de l'époque qui faisait de l'armée de Saddam la quatrième du monde). Parmi eux se trouve un militaire du rang, originaire du nord de la France. Apprenti boulanger, son patron contrairement à ses promesses ne lui avait pas gardé sa place durant son service national. Il avait donc rempilé pour la « grande muette », seule issue au chômage. Au milieu de ce gigantesque désert, il est aussi perdu que perplexe. Il cherche ses mots pour expliquer qu'il ne comprend pas le sens de sa mission. Défendre quoi ? Quels idéaux ? La société archaïque et antidémocratique qu'est le royaume saoudien qui refuse même, le cas échéant, que les infidèles chrétiens, soldats de l'Alliance, soient enterrés sur son sol car ils souilleraient la terre d'Islam ? La réponse se trouve dans toutes ces questions : le gars du ch'Nord n'est que de la chair à canon destinée à être sacrifiée si nécessaire comme l'avaient été ses ancêtres de milieu modeste tout au long de l'histoire. Et comme partout. Nous sommes repartis le cœur lourd. Nauséeux.

Quelques semaines plus tard, nous avons rencontré des soldats égyptiens également stationnés quelque part sur la frontière. Le sol tremblait pendant que les B52 américains lâchaient leurs tonnes de bombes, à peu de distance de là, sur les positions irakiennes. D'aussi près, les victimes semblaient moins virtuelles que les quelques chiffres dont nous disposions mais sans jamais avoir d'images de ce carnage. Les Egyptiens vivaient mal le fait de savoir « leurs frères arabes » ainsi écrasés. Mais un Américain qui maîtrisait parfaitement la langue du Coran était là pour remonter le moral des troupes. Un homme des forces spéciales qui fuyait notre caméra et qui lorsqu'il m'a dit qu'il s'appelait Johnson était aussi crédible que moi si j'avais prétendu être la reine d'Angleterre.

Nous n'avons pu effectuer ces reportages qu'en échappant aux services de presse des armées française ou anglo-saxonnes qui non seulement passaient tout à la censure, à un point tel que c'en était risible, mais qui, en plus, ont utilisé sciemment les journalistes. C'est ainsi qu'ils ont embarqué certains de mes confrères sur des bateaux pour faire croire aux Irakiens que, pour l'offensive finale, les Alliés allaient attaquer le Koweit par la mer... Il faut avouer cependant que les militaires avaient parfois de l'humour par rapport à ce conflit et à « nos amis saoudiens ». Ainsi, les Yankees avaient surnommé les femmes du cru les MBO : Mobil Black Objects, en bon français « objets noirs mobiles ». Elles étaient, en effet, toujours vêtues de leur tchador, sous peine de se faire fouetter ou même pire et, loin d'être des sujets du royaume, elles n'étaient que des objets soumis à toutes sortes d'interdits. Celui de conduire, de voter, d'agir ou de voyager sans l'aval du mâle de la famille, etc. Dix ans après le conflit, contrairement à toutes les promesses d'évolution faites à l'époque, la situation est toujours identique pour les MBO, en Arabie Saoudite et au Koweit. Amnesty International s'épuise à faire des rapports pour stigmatiser ce sort indigne mais rien n'y fait. Aucun pays occidental n'exerce de pressions comme si tous préféraient se concentrer, comme d'habitude, sur les questions du pétrole et oublier que de cette guerre du Golfe devait naître un nouvel ordre mondial, plus juste et plus humain. Les Saoudiens se payent même le luxe de subventionner à travers le monde des mouvements islamistes qui vouent aux gémonies les « infidèles » et leurs régimes et n'hésitent pas à recourir au terrorisme. La question du gars du ch'Nord est devenue lancinante : « Qu'est-on venu défendre, quels idéaux, au milieu de ce désert ? »

Les idéaux constituent souvent la tarte à la crème des pouvoirs et de leurs manipulations médiatiques. Toujours le moteur des utopistes que j'ai croisés un peu partout sur la planète et qui nous donnent envie de faire notre métier.

Salvador 1984. Il s'appelle Rémy, il a une vingtaine d'années, les cheveux blonds et l'accent suisse qui font taches au milieu de la jungle. La guerre civile fait rage dans ce petit pays d'Amérique centrale entre le pouvoir d'extrême droite avec ses commandos de la mort et la guérilla de gauche. Rémy ainsi que ses parents appartenaient, il y a peu encore, au squelettique Parti communiste helvétique. A sa dissolution, un accident au regard de l'histoire marxiste, Rémy a voulu continuer à servir la révolution et ses idéaux : il s'est donc engagé, sans parler un traître mot d'espagnol, aux côtés des *companeros.* Il me raconte tout cela, toute sa vie et ses rêves assis dans un champ, près d'une colline boisée. Il se repose avec ses frères d'armes après avoir résisté à la plus grande offensive de l'armée, depuis le début de la guerre, qui a duré plusieurs jours. Il m'explique qu'il a dû s'accrocher car, à son arrivée, les chefs voulaient le cantonner au rôle de brancardier, en deuxième ligne, alors que lui désirait être un combattant à part entière. Le commandant de l'unité est beau comme un astre, le soleil brille, il s'agit de mon premier reportage de guerre, petite pigiste de presse écrite, et je rêve déjà à la rédaction du magnifique article que je tiens avec le témoignage rare de Robert. Les vieux de la vieille disent que ce métier se résume à 10 % de talent et 90 % de chance. Pour le talent, on verra plus tard... A ce moment précis, retentit un bruit assourdissant comme je n'en ai jamais entendu. Un avion surgit de derrière la colline et lâche des bombes de 500 kilos. Rémy me dit qu'il n'a pas peur mais que les journalistes ont le droit d'être effrayés car ils ne sont pas là pour une cause mais pour leur travail. D'ailleurs, d'après lui, il faut être dingue pour risquer sa vie ainsi. Je ne vais pas me lancer dans une polémique pour déterminer qui est le plus fou des deux. L'attaque aérienne se termine, les bombardiers ont manqué leur cible qui était le QG de la guérilla. Je me prépare à partir quand Rémy me demande si je peux lui rendre un service, je réponds oui sans hésiter. Ce grand combattant blond me prie de ne pas parler de lui dans mon article car il est trop facilement reconnaissable et craint de se faire assassiner le jour où il voudra quitter le pays, des infirmières et des religieux qui aidaient les rebelles ont déjà connu ce sort tragique. Mon rêve d'article original sur cet Européen pris volontairement au piège de cet affrontement centro-américain, s'effondre, envolée mon idée d'en faire un Robin des Bois des Temps modernes, version tropicale : je suis face à mes responsabilités de journaliste. En redescendant de la colline, j'ai croisé « mes premiers soldats », comme on les voit souvent assez fidèlement représentés dans les films de guerre : debout à bord de camions débâchés, peinture de camouflage sur le visage, « enfouraillés » jusqu'aux oreilles, « défoncés » à la cocaïne ou tout autre drogue toujours disponible dans les zones de conflit pour mieux permettre les pires atrocités. Ils prenaient la route menant vers la position où se trouvaient Rémy et ses *companeros.* De retour à la capitale San Salvador, dans les jours qui ont suivi, nous avons eu des informations, comme le bruit assourdi des détonations des combats qui se sont poursuivis, sans beaucoup de détails sauf les chiffres impersonnels des victimes. Evidemment, je n'ai jamais parlé de Rémy jusqu'à aujourd'hui, près de vingt ans plus tard. J'ai su des années après notre rencontre qu'il avait survécu, qu'il était de retour en Europe et me transmettait ses amitiés. J'ai tenu sa vie dans mes mains, elle dépendait, en partie, du fait que je parle ou non de lui. Il a marqué la mienne. Son courage et sa volonté de vouloir défendre les plus pauvres me sont régulièrement revenus à la mémoire. Et il a été le premier à me prévenir qu'il fallait être dingue pour être grand reporter.

Liban 1989. J'ai désormais mes habitudes à Beyrouth. La guerre fait rage entre le chrétien Michel

Aoun et les alliés des Syriens. Le « verrou » chrétien s'appelle Souk el Gharb, une position qui domine la ville. Le but du reportage est bien sûr de s'y rendre pour vérifier où en est la situation sur le terrain. L'approche est périlleuse, quelques jours auparavant la voiture d'un confrère de presse écrite a été frappée par un missile sur la portion de route à découvert qui y mène, le chauffeur a été tué. Nous arrivons sans encombre. Comme un drôle de film qui se répète, les combattants me signalent la présence d'un étranger dans leurs rangs : un Français qui surgit d'une casemate. Fils guerrier d'un mannequin parisien et d'un pilote de ligne. Lui, c'est derrière les lignes ennemies qu'il passe la nuit avec les hommes de son commando, au nom de son Dieu chrétien qui peut-être n'en demande pas tant. Cette fois-ci, je tiens mon reportage original qui n'a rien à voir avec une quelconque version de Robin des Bois mais avec une quête non pas politique mais mystique du sens de la vie ou de la mort.

Un soir, ce combattant français est venu jusqu'à Jounieh où se trouvait notre hôtel pour passer la soirée avec nous. Décision fut prise d'aller dîner à la montagne épargnée jusque-là par les combats. Evidemment, nous avons été pris sous un bombardement, sur la route. Notre Français qui tenait le volant en a été comme galvanisé : il conduisait, soit en étant assis en équilibre sur la portière dont il avait descendu la vitre, soit en faisant des dérapages plus ou moins contrôlés au frein à main. Double risque de se faire tuer : j'ai pensé à Rémy, il faut vraiment être dingue pour faire ce métier de grand reporter....

Un autre soir, nous sommes allés dîner à Achrafieh, autre quartier chrétien, nouveau bombardement. Les propriétaires, de plus en plus nerveux, attendent que nous partions pour fermer. Nous quittons les lieux pour aller tourner cette énième attaque et nous réussissons à nous perdre dans les petites rues. Les combats gagnent en intensité et tous les habitants sont claquemurés chez eux. Nous n'avons d'autre solution que de demander notre chemin aux seules personnes présentes, c'est-à-dire les miliciens. L'un d'entre eux veut bien nous renseigner, mais nous dit d'attendre un moment : il va d'abord tirer un coup de RPG (un lance-grenades, très en vogue dans les pays du tiers monde), puis revient tout à notre disposition... La guerre est toujours surréaliste.

Partout, j'ai été frappée par la jeunesse des combattants. Souvent, ils n'ont pas une ride, pas une cicatrice, un front lisse à peine marqué par le bord du béret, du képi, du casque lourd ou du ruban vert des fous d'Allah. Ils ont des faux airs d'enfant contre lesquels ils luttent en maniant des armes mortelles, parvenus au niveau des dieux de l'Antiquité qui cisaillaient les fils de la vie. Il vaut mieux ne pas être capable d'embrasser le passé, de réaliser tout ce qu'il y a à perdre pour être un bon combattant. Là aussi, les plus désespérés sont souvent les plus « beaux ». La peur vient en vivant. Bien plus tard. Lorsque l'on réalise le nombre d'années accumulées et que l'on cultive la rage de vouloir en égrener plus encore. Comme les vieux qui comptent, recomptent leurs économies et estiment les intérêts qu'ils vont pouvoir en tirer. La peur vient en vivant, en survivant. Quand on additionne les fois où l'on a échappé à la mort et que l'on se remémore les sornettes devenues légendaires qui prétendent qu'il ne faut pas forcer la chance ni vouloir dominer le destin. Pour être un bon combattant, il faut être capable de mourir en un éclair. Ou sinon, plonger dans l'alcool ou les drogues dures. Car la peur vient. En vivant.

Ramallah, territoire palestinien 1996. La foule des manifestants est jeune et furieuse : les Israéliens, malgré les mises en garde de leurs services de renseignements qui prédisaient des violences, ont percé un tunnel sous l'esplanade des Mosquées... Sacrilège... Les pierres et les cocktails Molotov volent en direction des soldats de Tsahal, une heure, deux heures et puis tout s'accélère. Les Israéliens ouvrent le feu, au coup par coup qui fait mouche, les policiers palestiniens répliquent, la fusillade est terrible et nous sommes bloqués au milieu. Je vois Michael, notre assistant israélien, à découvert, la visière de la casquette sur l'oreille gauche, le téléphone vissé dans la droite, en train de réserver une « position de direct » pour le 20 heures. Je lui dis de se planquer. Tout à son devoir professionnel, il me répond qu'il s'agit de tirs en l'air. Face à tant d'optimisme et d'inconscience, je lui rétorque qu'à Koweit City, le jour de la libération de la ville, il y a eu plus de quarante blessés avec ces fameux tirs en l'air. Je pense à deux choses : d'abord que nous risquons vraiment de nous faire tuer et ensuite que le seul moyen d'en sortir est de tenter d'escalader un petit mur qui nous barre le passage mais je suis en jupe et la décence m'empêche, même quelques secondes, de lever la jambe... avant de réaliser à quel point cette pudeur est ridicule. A un moment, j'ai trouvé refuge avec un vieux Palestinien derrière un poteau. La fusillade se calme et le grand-père, qui en a sûrement vu d'autres, en profite pour me toucher le sein gauche faisant mine de s'intéresser à l'état de mon cœur. Je suis en effet essoufflée, mais pas au point de ne pas retirer sa main... Le temps de récupérer et nous devons courir à découvert pour regagner notre véhicule. Avant de partir, je « fais des téléphones en direct » pour LCI, en pleine fusillade et au milieu du ballet des ambulances qui viennent évacuer les victimes. La régie me demande de changer d'endroit car, disent-ils, « le son n'est pas terrible, il y a trop de bruit »...

Une fois dans notre voiture, Bruce, mon cameraman et ami, met une cassette de Tom Jobim, dont il me chantera ensuite toujours les paroles, dans les moments difficiles, professionnels ou personnels. Michael, le roi du téléphone portable, des danses orientales de son cher Maroc et de l'efficacité, s'est fait virer quelques mois plus tard. J'en suis encore malade.

On ne revient jamais indemne des reportages de guerre. On peut être euphorique d'être entré dans la caste de ceux qui ont survécu. Avec le risque de la mégalomanie et celui du mépris envers ces pauvres mortels qui prennent le métro tous les jours pour aller « bosser ». On peut être à jamais « décalé » et ne pas pouvoir admettre qu'il y a finalement deux univers : celui des nantis et celui de toutes ces victimes anonymes, dont on n'a fait que croiser le regard de détresse. On peut alors plonger dans l'alcool, la griserie de la peur et les tranquillisants pour s'endormir. Et puis surtout, on peut avoir une déchirure intérieure que l'on ne veut pas admettre, consciemment du moins. Enfin, on peut être tout cela à la fois. Dès lors l'humour, dévastateur de préférence, est une arme redoutable pour oublier toutes celles que l'on a eu braquées sur soi. L'éclat de rire est sûrement le meilleur remède à l'angoisse, la meilleure parade pour dissimuler ses sentiments... en faisant semblant de ne pas en avoir.

Je suis avec Bruce dans un restaurant de Washington, à l'été 2000, quatre ans après la fusillade de Ramallah. Nous dînons, dans le quartier chic de la ville, pour la première fois avec un couple d'Américains que nous avons rencontré récemment. Il est avocat, elle travaille dans un musée, tous deux sont démocrates. Je décortique consciencieusement mon crabe lorsque la question arrive comme un uppercut. Nos nouveaux amis qui nous interrogent depuis un moment sur notre métier nous demandent pourquoi nous avions décidé d'aller à Ramallah dès que nous avions appris que des manifestations qui pouvaient dégénérer s'y déroulaient. Sous-entendu que nous prenions le risque de nous faire tuer. Eclats de rire immédiats et communs de Bruce et moi. Impossible de répondre autre chose que cette plate banalité : parce que justement, c'est notre métier... Nous n'en n'avions jamais parlé ensemble car on ne parle pas de ces choses-là, on les vit, c'est tout... comme dirait Brel. Et nous multiplions les éclats de rire avec parfois un horrible cynisme qui permet de dissimuler la douleur ou la peur.

Janvier 1992 : je suis en direct de la télévision algérienne pour annoncer les rumeurs sur le départ du président Chadli, à la suite du premier tour des élections législatives remportées par le FIS, qui vont finalement être annulées. Nous avons à peine le temps de sortir du studio que la confirmation arrive : dans la cour, sous nos yeux, des militaires prennent le contrôle des bâtiments. Comme dans un film de guerre, ils sautent des camions bâchés qui les acheminent par dizaines et se déploient un peu partout. Le cameraman qui travaille avec moi demande s'il peut filmer. Un officier répond par l'affirmative. Nous ne tournons que quelques minutes, un autre soldat, très nerveux, exige que nous arrêtions et nous explique que l'officier avait compris que nous lui demandions l'autorisation de fumer ! ! ! Le ton monte mais pris au piège au milieu de tous ces hommes en kaki, au centre d'un coup d'Etat militaire, nous sommes bien obligés de donner notre cassette. Ce n'est qu'une fois rentrés à l'hôtel, sains et saufs, que nous avons eu un des plus beaux fous rires de notre vie... Un peu plus tard dans la nuit, nous sommes allés discrètement filmer des « mirlos », comme nous les appelons entre nous, qui sillonnaient la ville et, cette fois-ci, nous avons réussi à garder nos images. Celles de l'arrêt du « processus démocratique » en Algérie.

Lorsque le réveil sonne, la plupart du temps, je ne sais pas où je suis : il me faut toujours quelques secondes pour faire le point. Sentiment de soulagement quand je réalise que je suis à Paris ou Washington ou quelque autre endroit où il n'y a pas la guerre. Mais quel que soit le lieu, le réflexe est toujours le même : « mettre » les infos. En France, ce sont les radios « toute info », à l'étranger, le plus souvent CNN ou la BBC, en fonction du décalage horaire. Les voix et les accents se mélangent dans ce drôle de zapping, comme l'intrusion du monde qui me parvient étouffé à travers les oreillers. Parfois, lorsqu'il n'y a rien de particulier et que je ne suis pas en reportage, je me rendors comme le médecin satisfait par l'état de son patient mais les nouvelles sont rarement bonnes et j'ai passé des années à jouer au petit jeu de savoir où ma rédaction allait décider de m'envoyer en priorité, en fonction de tous ces événements que je découvrais au réveil. En reportage, ces premières minutes de semiconscience sont ambivalentes : il faut se lever, souvent très tôt, pour ne pas rater le 13 heures. Il n'y a pas toujours le chauffage, l'électricité ou l'eau courante mais il y a presque toujours ce délicieux petit frisson de se dire que l'on va découvrir des choses nouvelles, faire d'intéressantes rencontres : le plaisir de l'inconnu. Je me promets d'ailleurs, chaque fois, de me coucher tôt si possible, pour être d'attaque. Mais nos soirées s'éternisent presque quotidiennement, dans ce doux mélange de décompression, de découvertes, d'analyses de la situation ou de confidences qui s'échangent entre les membres de l'équipe, dans ces lieux éloignés de Paris qui ressemblent à des bulles, où il est plus facile de se livrer. Combien de récits de divorce ai-je entendus, de problèmes avec les enfants de la part de mes collègues trop souvent absents de chez eux mais qui pour la plupart, au moins jusqu'à un certain âge, n'auraient pas échangé leur place pour un empire...

La vie privée, parlons-en, je pourrais sûrement prendre sans problème la relève de Ménie Grégoire, dont j'entendais parfois, petite, les conseils à la radio à tous les paumés de la vie qui sanglotaient sur le départ de leur femme, éructaient sur une infidélité qu'ils n'avaient pas voulu voir ou s'indignaient de la révolte de leur progéniture... Une équipe de télévision est souvent un raccourci de tous ces maux avec, en plus, la litanie de reproches à adresser à ses chefs, jamais suffisamment à l'écoute, trop lents ou trop rapides à prendre des décisions. Sur le dernier chapitre, j'ai toujours joint ma voix à celles des autres. Sur les premiers, j'ai surtout fait office d'« oreille ». En tant que femme, je ne tiens plus le compte de mes congénères que j'ai pu défendre, sans qu'elles s'en doutent jamais, face à leurs époux qui les trompaient et me faisaient le récit de leurs frasques avec cette mauvaise foi confondante du mâle qui consiste à dire que, pour les hommes, il ne s'agit que de sexualité mais qu'ils ne supporteraient pas que leur « douce » leur rende la pareille car il est entendu que les femmes ont besoin de sentiments pour passer à l'acte. Je pourrais écrire le manuel de la parfaite avocate des épouses bafouées, tant j'ai rodé mon discours dans les restaurants du monde entier, lors des dîners avec mes confrères.

1 — Renoncer à l'attitude du GROLD (*rappel :* grand reporter opérationnel longue distance) en rentrant à la maison, face à cette misérable créature qui parle de la machine à laver qui est tombée en panne et « tu sais comme c'est difficile de trouver un réparateur honnête », ou encore de l'otite du petit : « Je n'ai pas dormi de la nuit. » Ne surtout pas lui répondre : « Tout cela n'est pas bien grave au regard de la misère du monde dont je reviens, moi ton héros, ma chérie. »

2 — Eviter de jouer (même si c'est vrai) à l'exténué, en entonnant le refrain : « Je n'ai pas envie

d'aller au restaurant, j'y passe ma vie en reportage ; je me ferais plutôt un plateau-repas en regardant la télé. » La misérable créature ne peut pas comprendre que le GROLD auquel elle s'est liée jusqu'à ce que la mort les sépare se métamorphose en chose bizarre, avachie dans ses charentaises.

3 — Ne pas considérer les projets de vacances à la légère, seule période de décompression pour la pauvre sédentaire. Et ne surtout pas déclarer d'un air péremptoire : « Ah non ! on ne va pas prendre l'avion, ça me donne l'impression de travailler, allons plutôt à la campagne, les enfants adorent la maison. » Il ne faut jamais frustrer les femmes d'eau turquoise et de rêves, au risque de les voir, un jour, prendre leur bâton de pèlerin et, cette fois-ci, pas pour un reportage mais pour la vie.

Muni de ces trois commandements de base, le mariage doit pouvoir survivre durant une période raisonnable qui peut aller au moins jusqu'à la retraite. Il y a des grands reporters heureux. Ceux qui ont réussi à établir un lien entre le sensationnel exotique et le quotidien occidental, sans mépris et sans... arrogance.

Il faut dire que l'arrogance est un travers largement partagé par les Occidentaux qui travaillent chez les « sous-dév ». Un des plus beaux exemples qu'il m'ait été donné de voir, s'est déroulé sur le tarmac d'un aéroport, à une heure de route de Bagdad. Ce jour-là, un vendredi jour de la grande prière, les hommes de l'UNSCOM, les inspecteurs des Nations unies pour le désarmement de l'Irak, revenaient dans le pays après en avoir été expulsés par Saddam Hussein, quelques jours auparavant. L'un d'entre eux est descendu de l'avion, le drapeau américain collé sur la casquette et sur le talkie-walkie, il s'est dirigé vers le 4×4 qui l'attendait dont il a ouvert en grand les portières et il a mis à tue-tête la chanson des Spice Girls *Wannabe*, dont les paroles résument les conditions posées par une jeune fille qui n'a pas froid aux yeux à un homme pour qu'il devienne son amant... Dans une contrée où les femmes portent le tchador et où l'islam se fait de plus en plus présent, Dieu soit loué, les imams ne comprennent pas tous l'anglais, mais les officiels irakiens présents ont très bien senti la provocation. Le mélange sonore était détonnant entre l'appel à la prière qui émanait des mosquées et les voix aguicheuses des starlettes britanniques qui s'égosillaient dans le lecteur de CD de la voiture : « Viens, on va faire zig zig » ! ! !

J'ai investi dans un walkman. Dans les mois et les années qui ont suivi la guerre du Golfe, je suis souvent allée en Irak. Les vols civils étant interdits sur Bagdad, non pas par une résolution de l'ONU mais *de facto* par les Américains, il faut compter entre quinze et vingt-quatre heures de voiture pour rallier Amman, aéroport le plus proche en Jordanie, à la capitale de l'ancienne Mésopotamie, berceau des civilisations. Il n'en reste plus grand-chose, ni du berceau ni de la civilisation. Je sillonne les différentes provinces et durant ces heures et ces heures de transport, j'écoute de la musique, surtout « Eurythmics », une des rares cassettes disponibles sur place, le niveau sonore à fond, comme si le volume avait le pouvoir de nettoyer les yeux de toutes les horreurs sur lesquelles ils se sont desillés. *Sweet dreams* (doux rêves), là où tout n'est que cauchemar, *Here comes the rain again* (la pluie revient) en plein désert, *Would I lie to you ?* (te mentirais-je ?) dans cette région, une des cartes maîtresses du poker menteur mondial. Que ne nous avait-on raconté sur l'armée irakienne, la prétendue quatrième armée du monde, alors qu'il suffisait d'un peu de jugeote et de savoir compter sur les doigts d'une main pour éviter, au moins, cette manipulation. Etats-Unis, Russie, France, Grande-Bretagne, quatre nations dont les militaires disposent d'une supériorité indiscutable sur les descendants de Nabuchodonosor... Le danger claironné était sûrement censé gommer le vulgaire d'une guerre largement déclenchée pour le contrôle du pétrole. Bagdad a eu droit à une « frappe chirurgicale » ou presque mais le reste du pays est dévasté. Les hôpitaux sont à l'agonie, la population à genoux.

A Kerbala, une des villes saintes du pays, nous croisons un médecin à l'entrée d'un bâtiment vétuste : « Il faut dire la vérité au monde, nous explique-t-il en anglais, venez, je vais vous montrer. » Nous le suivons dans ce dédale de misères. Il n'y a plus de seringues pour les petits que l'on essaie de piquer avec du matériel pour adulte et les mères dans leur tchador noir, comme si elles portaient déjà ce deuil à venir, campent dans les couloirs, sans comprendre comment leur pays qui était un des plus développés de la région a pu sombrer aussi vite. On leur avait inculqué, en le leur présentant comme un facteur de progrès, l'art de nourrir leur bébé avec du lait en poudre, maintenant que ce produit n'est plus disponible, elles ne peuvent que serrer sur leur sein qui n'est plus nourricier des tout-petits en pleurs. Le docteur répertorie les maladies dont on pensait qu'elles avaient été éradiquées et qui font leur réapparition. Il établit la liste encore plus longue et plus désespérante des médicaments qui font défaut. Il compte et recompte les sommes nécessaires à leur achat, qu'il n'aura jamais. Il vante les qualités du système médical « d'avant », se remémore les stages effectués à l'étranger pour rester à niveau, il y a quelques années encore mais qui paraissent si loin. Les Irakiens, y compris les médecins, sont devenus les parias de la planète. Alors, il récapitule les jours et les nuits qu'il a passés dans son hôpital, avec son équipe, pour essayer de trouver un embryon de solution à tous ces problèmes et toutes ces souffrances. Et puis, il a toujours cette même interrogation lancinante : « Vous allez dire la vérité au monde ? » Je lui réponds oui, oui, oui. C'est sa seule requête, il ne demande même pas d'argent lorsque nous le quittons. *Would I lie to you ?* entonne Annie Lennox, la réponse est non. Doublement non, pour une des chansons suivantes : *There must be an angel* (Il doit y avoir un ange). Il a déserté l'Irak.

Des pensées sacrilèges dont je ne m'ouvrirai jamais à sœur Antonie, sœur Saint-Etienne, sœur Saint-Gatien et toutes les autres. Des êtres vivant d'amour, rabougris seulement par l'âge. Elles sont une vingtaine, certaines sont françaises, la majorité francophone et toutes francophiles. Elles vivent à Bagdad, semble-t-il de toute éternité, et à les entendre pour l'éternité. En souvenir désuet d'une époque révolue, elles ont gardé dans leur maternité les couvertures et rubans roses pour les filles et les bleus pour les garçons. Comme une douce incongruité dans une ville exsangue. Elles m'ont sûrement écrit parmi les plus belles lettres que j'aie jamais reçues d'optimisme, d'envie de vivre et de donner, qu'elles concluent invariablement en me signalant qu'elles prient pour moi. Elles ont au moins soixante ans de moyenne d'âge dont quelques décennies dans ce pays dont elles ont connu et partagé toutes les guerres, sans jamais demander à partir. Elles se sont données à Dieu et à l'Irak, pelotonnées sous l'aile de la Vierge. Nous filmions la messe à laquelle elles participaient au moment où Bill Clinton a ordonné aux bombardiers en vol pour l'Irak de faire demi-tour, en 1997. Lorsque je le leur ai dit le lendemain, elles ont à peine sourcillé, pétries de leur confiance en Marie qu'elles priaient à cet instant précis pour qu'elle exauce leur vœu le plus cher : épargner le pays. Elles étaient beaucoup plus intriguées par notre téléphone satellite qui permet d'établir une communication de n'importe quel endroit du monde. Nous l'avons apporté au couvent pour qu'elles puissent entrer en contact avec leur supérieure ou leur famille, ce qu'elles n'avaient pas pu faire depuis des mois, les lignes locales étant quasiment hors service. Elles tenaient le combiné comme s'il s'agissait d'un objet précieux et n'ont pas osé parler plus de quelques secondes, comme des petites filles à qui l'on proposait un jouet trop sophistiqué. Elles ont bien ri, comme souvent, leur gaieté contagieuse restant leur meilleure arme même lorsqu'elles s'inquiètent de l'avenir de leur maternité sinistrée et surtout de celui des bébés qui y voient le jour. Elles ont parfois des moments de révolte car elles, qui parlent « arabe comme des mosquées », savent par le menu la douleur du peuple qu'elles côtoient. Si, un jour, un ange doit revenir en Irak, il passera sûrement, ne serait-ce qu'un instant, par le couvent de celles qui portent si bien le nom de sœurs.

Je les avais rencontrées par le biais de prêtres qui se trouvent à côté du ministère de l'Information. Français, Belges et Irakiens confondus. Durant la guerre du Golfe, ils se trouvaient dans l'œil du cyclone car les alliés visaient les bâtiments officiels alentour et, comme chacun sait, les frappes ne sont pas toujours « chirurgicales ». De plus, ils ne disposaient pas de cave et n'avaient donc aucun moyen de se protéger. Le père Robert, le plus ancien, avait trouvé un remède à l'angoisse : il jouait du violon sous les bombardements pour concentrer son esprit sur la musique et empêcher ainsi la peur de l'envahir. Il est à lui seul un puits de culture, connaissant tout des religions et des philosophies, professeur à l'université de Bagdad. Aussi modeste qu'érudit, il parle d'une petite voix et s'insurge, à son âge avancé, de ne plus pouvoir travailler autant qu'avant, c'est-à-dire presque jusqu'à l'épuisement pour le commun des mortels. Le père Michel, lui, semble trouver son oxygène sur sa moto, une des rares qui circulent dans la capitale. Tout de cuir vêtu, il a le look des prêtres ouvriers comme on en a connu en Europe ou en Amérique latine, dévoués à la cause du peuple. Il leur arrive à tous deux de passer des années sans venir en Europe car, dans les moments les plus durs, ils ne veulent pas quitter les Irakiens, vivant jusqu'au bout leur sacerdoce de partager la souffrance des autres. Ils sont comme le pouls de la ville, ils battent au même rythme, ils connaissent tout du quotidien débilitant. Ils savent les produits qui sont sur le marché et leur prix, ils peuvent faire le bilan de ceux, de plus en plus nombreux, qui sont introuvables et puis surtout ils sentent les âmes. Ils ne font aucun prosélytisme mais sont à la disposition de tous, seuls leurs moyens financiers s'amenuisent d'année en année, à leur grand désespoir. Ils ont l'impression de veiller un peuple d'oubliés du monde. Ils m'ont appris le mot *hissar* en arabe, « siège, embargo » en français. La commission de contrôle de l'ONU est allée jusqu'à interdire la vente de crayons à papier au pays, sous prétexte que les mines contiennent un matériau qui participe à la fabrication des bombes nucléaires ! ! ! On risque de sacrifier des générations à ce petit jeu : des jeunes qui seront de plus en plus incultes et extrémistes, furieux contre l'Occident. Discuter avec les prêtres équivaut à respirer une bouffée d'Irak qui exhale un avenir qui fait souvent craindre le pire. Un jour, j'ai apporté des cordes à violon de Paris, au père Robert.

Bagdad, pour moi, restera la capitale où j'ai rencontré pour la première fois Yasser Arafat. Il avait un peu déserté la une des médias, la guerre du Liban s'enlisait. Nous étions le 1er janvier 1988, je revenais du sud de l'Irak où se déroulaient les affrontements les plus sanglants avec l'Iran. La rumeur enflait à propos du rôle joué par l'OLP pour obtenir la libération des otages français au pays du cèdre. J'ai donc demandé l'interview du « vieux », sans grande conviction de voir mon vœux exaucé, mais le miracle a eu lieu car Arafat voue une affection particulière aux Français qui avaient assuré sa sécurité lorsqu'il avait dû quitter Beyrouth en 1982 puis Tripoli, la ville du nord-Liban, en 1983. Deux heures du matin : nous attendons toujours de le rencontrer. Il est en liaison radio quasi permanente avec le camp de Rachidiyeh qui se bat durement contre les miliciens chiites d'Amal. Enfin, quelqu'un vient nous chercher. La porte s'ouvre :

Abou Ammar est à son bureau en train d'écrire. Je suis surprise de le voir, car j'avais expliqué à son entourage qu'il nous fallait dix bonnes minutes pour installer la lumière avant qu'il n'arrive dans la pièce où doit se dérouler l'entretien. Je bafouille en anglais mon nom et les remerciements d'usage, à toute allure nous branchons les « gamelles », c'est-à-dire les spots et l'interview commence. Première question : « Pensez-vous qu'il vous sera possible d'arriver à un accord avec Amal ? » Arafat se fige : « Je refuse de répondre. » En une seconde, je vois ma bien courte carrière s'effondrer, je ne comprends pas quelle erreur j'ai pu commettre, je me liquéfie. En voyant ma tête, le vieux éclate de rire et poursuit : « Ce n'est pas la bonne formulation, le problème se pose avec les Syriens, les miliciens d'Amal ne sont que leurs marionnettes... » Je respire, je crois que je réussis même à lui rendre son sourire, ma carrière et l'interview peuvent se poursuivre. Il me confirme que l'OLP s'inquiète du sort des otages français, sans me donner, il est vrai, beaucoup de précisions car il s'agit comme toujours de contacts secrets. Il est près de quatre heures du matin, nous n'avons pas la même habitude qu'Arafat de vivre la nuit, comme tous les clandestins, et nous pensons avec ravissement et la satisfaction du devoir accompli à aller nous coucher. Nous sommes en train de « plier » (ranger notre matériel), lorsqu'il nous dit : « Vous ne partez pas, aujourd'hui c'est l'anniversaire de la création du Fatah, mon parti, vous restez avec nous pour manger le gâteau. » Il nous a servi lui-même des portions pantagruéliques que je me suis fait un devoir d'avaler jusqu'à la dernière miette, pour respecter les convenances du Proche-Orient. Dans les années qui ont suivi, j'ai très souvent revu le « vieux » et « couvert » dans ses traces le chemin qui devait conduire à l'entente avec Israël. Aujourd'hui, il est fatigué et le processus de paix est à bout de souffle... Cela fait bien longtemps que je ne l'ai pas interviewé.

Les interviews : ce sont des moments privilégiés où nous nous transformons en sages-femmes du news. Il faut, avec le plus de douceur et de conviction possibles, convaincre notre interlocuteur de s'exprimer et même parfois l'aider à y parvenir. Sauf pour les hommes politiques qui en raffolent et qui suivent des stages pour mieux la séduire, la caméra reste pour le commun des mortels un instrument un peu barbare de communication. Avec son gros œil noir, l'objectif, qui vous regarde fixement. Le but est donc de faire oublier l'aspect « Cyclope électronique » du dialogue qui doit s'instaurer. Je demande toujours à l'interviewé de me regarder et surtout pas de fixer la « bécane », comme nous l'appelons parfois, qui risque de le paralyser encore plus, s'il est tant soit peu émotif, mais je me place le plus près possible de l'objectif pour que le cameraman puisse saisir son regard, ses convictions, ses hésitations, ses émotions. Il y a des entretiens qui se déroulent comme dans un rêve : en un minimum de temps (nous sommes presque toujours pressés), notre interlocuteur nous a livré l'essentiel de son message. Parfois, en l'écoutant parler, je sais déjà quelle(s) phrase(s) je retiendrai pour le montage. Mon interview la plus comique s'est déroulée avec Ivan à Moscou. Nous étions hyper pressés et nous n'avons donc pas pris les quelques minutes habituelles à discuter avec notre interlocuteur, avant de commencer à filmer. Nous nous « jetons » quasiment sur lui, je lui pose la première question... bingo : le type est bègue. Du coin de l'œil gauche, je devine la caméra qui se gondole car Ivan s'est lancé dans un rire silencieux, le visage dissimulé par l'objectif ; de l'œil droit, je fixe obstinément un point bien au-dessus de la tête de notre « client », tout en me mordant violemment les lèvres pour ne pas imploser...

D'autres fois, c'est tout simplement cauchemardesque : une personne qui m'a raconté des choses passionnantes *off*, c'est-à-dire hors caméra, se transforme en espèce de carpe ou presque pire en adepte de la langue de bois, au moment de l'enregistrement. Soit par peur, soit par timidité. Il faut alors prendre son temps, tout arrêter, rassurer ou faire rire : « Si, si vous allez y arriver, vous savez on s'y fait très vite, je suis sûre que vous seriez capable de présenter le JT. » Et reprendre l'interview, en jetant le moins souvent possible un œil sur sa montre. Dans la majorité des cas, avec un minimum de délai, les interviewés dans ces conditions oublient la caméra et se concentrent sur ce qu'ils veulent dire, dénoncer, expliquer ou tenter de manipuler... Parfois, je fais semblant d'aller dans leur sens, pour les aider à « accoucher » ou, au contraire, je les provoque un tantinet pour les forcer à développer leurs arguments.

A l'étranger, il est important de s'imprégner des cultures locales pour ne pas heurter ou même parfois choquer les gens, surtout au sujet de la religion. Il ne faut pas en tant que femme tendre la main à un Juif intégriste, certains ont d'ailleurs parfois refusé de me parler car je n'appartiens pas au « peuple élu » et il faut se voiler pour aborder les islamistes. En Iran, se promener tête nue est d'ailleurs passible de trois mois de prison, d'après les informations qui circulent à Téhéran. En Algérie, en 1991, lorsque le FIS a pensé qu'il allait arriver au pouvoir, à la permanence du parti, les plus « purs » ont voulu m'exiler dans une pièce qui ressemblait étrangement à un placard à balai, pour me soustraire aux regards des mâles, en attendant l'heure de mon entretien prévu avec un des leaders charismatiques « barbus ». J'ai calmement mais fermement refusé, soutenue il est vrai, par mes confrères. Une autre fois, à Kouba, fief des fondamentalistes à Alger, lors de la grande prière, l'imam se lance dans une violente diatribe contre les Français. Message reçu cinq sur cinq par la foule en extase. Et il y a encore plus méprisable qu'un Français : une Française. Je termine donc avec ma preneuse de son derrière le rideau de fer d'un commerçant compatissant alors que les membres du service d'ordre du FIS viennent de nous annoncer qu'ils ne peuvent plus rien pour nous... Quand nous avons enfin pu sortir de ce guêpier quelques heures plus tard, j'ai croisé un de mes meilleurs copains, journaliste de radio, qui m'a expliqué mi-figue, mi-raisin, qu'à toutes fins utiles, il avait déjà préparé ma « nécro », de nécrologie : notice biographique sur un personnage décédé récemment (définition du dictionnaire) !

Forte de toutes ces expériences, je suis capable de m'adresser à peu près à n'importe qui, sans montrer la moindre émotion, tant j'ai conversé ces dernières années avec des « monstres », d'un extrémisme politique ou religieux à l'autre, du Proche-Orient à la Russie en passant par l'Afrique ou l'Asie. Des suppôts de dictature, des maniaques du prosélytisme, des dingues de flingues. Mais mon métier n'est pas de jouer les vierges effarouchées, il est de montrer le monde tel qu'il est. Tel que le genre humain l'a modelé et parfois défiguré.

J'ai d'ailleurs souvent eu envie d'apprendre la langue de mes interlocuteurs. Pour être plus près des gens, pour mieux les comprendre, mieux décoder leur message ou détecter leurs mensonges. La logique voulait que je commence par l'arabe : j'ai donc pris quelques cours intensifs qui, invariablement, ont été interrompus par un départ en reportage. Le peu que j'ai étudié m'a quand même servi deux ou trois fois. Une nuit dans le désert glacial à la frontière jordano-irakienne, alors que nous devions arriver à Bagdad suffisamment tôt pour faire un 13 heures, le douanier de faction avait décidé de contrôler nos deux cents kilos de matériel, à un rythme qui risquait d'hypothéquer y compris le 20 heures. Je me suis bien concentrée pour me souvenir des mots « chef », « journaliste », « rendez-vous » pour expliquer que je voulais voir le chef et lui faire valoir que nous avions un rendez-vous très important le lendemain matin à Bagdad, pour tenter d'accélérer le mouvement. J'ai lâché ma phrase d'une traite devant *el moudir*, le responsable, qui m'a tout de suite demandé, avec un grand sourire, si j'étais française. Il a eu la délicatesse de prétendre qu'il avait deviné ma nationalité uniquement à mon accent et pas à cause de mes nombreuses fautes. On a papoté un petit moment en anglais et il nous a laissé partir sans plus de formalité. Depuis, je n'ai plus vraiment eu le temps de me consacrer à l'arabe et puis, finalement, je préfère ne pas maîtriser la langue, surtout lorsqu'un milicien nous promet les pires turpitudes, voire la mort. Heureux les simples d'esprit.

Je comprends juste le minimum nécessaire (la guerre, la paix, la révolution, l'armée, l'aéroport, l'avion, la voiture, l'avenir, les problèmes et aussi palais). Une autre fois, j'étais à Damas et j'avais réussi à organiser une réunion avec un conseiller du président Hafez el Assad quelques heures avant mon retour à Paris. Le chauffeur de taxi ne parlait ni l'anglais, ni le français, ni l'allemand, ni l'espagnol et moi j'avais complètement oublié comment on dit « palais » dans la langue du Coran alors que je devais me rendre à celui du président. J'ai fait au plus simple et j'ai dit « maison » (*beit*). Le taxi m'a donc conduite, sans coup férir, à la résidence du chef de l'Etat où je me suis retrouvée cernée par une bande de barbouzes armés jusqu'aux dents. Une situation qui m'a rafraîchi immédiatement la mémoire, j'avais l'impression de parler couramment arabe, avec les mains timidement en l'air. Palais se dit *kassr.* A bon entendeur, salut.

On me demande souvent quel est mon meilleur souvenir de reportage. Chaque fois, je me creuse la tête et me jure de trouver un exemple à brandir, dans les colloques ou les conversations privées, pour les cinquante années qui viennent. Mais la réponse doit se situer dans cet échec patent à dénicher un événement emblématique. Il ne s'agit que d'instants fugitifs où notre ego, notre cœur et nos convictions se rencontrent. Je me souviens de la nuit où Arafat a reconnu *de facto* le droit à l'existence d'Israël, premier frémissement d'une paix que l'on croyait à venir. Je revois le regard de soulagement des membres de mon équipe l'après-midi où, en direct à la télévision, Bill Clinton a annoncé qu'il renonçait à attaquer Bagdad où nous nous trouvions, après que la presse eut montré et souligné les jours précédents dans quel état d'indigence se trouvait déjà le pays... Je m'amuse du jour, où apprentie-grand reporter à la recherche de piges, j'ai caché une urne dans ma voiture pour qu'elle échappe aux peu démocrates militaires qui rodaient, lors des élections qui ont chassé le dictateur Marcos du pouvoir aux Philippines. Et puis surtout, je me réjouis de l'impression d'Ivan quelques jours avant sa disparition, en 1993. De Moscou, grâce au satellite, il m'avait vue en direct de Jérusalem commenter l'accord de paix entre Israéliens et Palestiniens. Il m'avait trouvée tellement épanouie qu'il pensait que... j'étais enceinte. Porter des nouvelles de vie et non plus égrener le compte à rebours de la mort. Aller à Bagdad voir Shirine pour lui dire que tout est terminé, que désormais son existence sera belle, qu'il n'y aura plus de dictature dans son pays, ni de violence. « Roule ma poule. » On ne revient pas indemne des reportages de guerre mais on aimerait bien parfois avoir des souvenirs de rêve...

Retours :
le monde du silence

La solution au stress réside dans le « transfert » qui n'a pas grand-chose à voir avec le football mais tout avec la psychanalyse... Je suis devenue très forte à ce petit jeu. Impassible (ou presque) sous les bombardements, je suis terrorisée par l'orage au point de pleurer ou d'envisager d'aller dormir chez le voisin. Je ne supporte pas le bruit, une porte qui claque ou des gens qui hurlent, que ce soit de joie ou pour un différend souvent ridicule. Je suis la reine toute catégorie des larmes à l'eau de rose : n'importe quelle série B me fait pleurer que ce soit de bonheur ou de tristesse, au cinéma, à la télévision ou dans un livre. Je pleure si une jeune fille se marie, si un petit garçon perd son chien, si justice est rendue dans tout feuilleton américain qui met en scène un avocat aussi peu crédible que mal doublé... Je suis plus que bon public, c'est carrément devenu pathologique... J'ai ainsi transféré toutes mes peurs, mes douleurs, mes angoisses, ma compassion sur des choses anodines où je ne suis ni exposée, ni éventuellement mise en question. Il suffit ensuite de gérer le petit espace où ces deux mondes peuvent se superposer, en évitant toujours le ridicule. Exemples : ne pas se jeter par terre, en plein Paris, alors qu'on discute tranquillement avec une amie, en entendant claquer un pot d'échappement qui ressemble pour une oreille aguerrie à une détonation. Dans le même temps, il ne faut pas trop contrarier ce bon vieux réflexe de s'aplatir comme une crêpe, en cas de bruit suspect, au risque un jour de se faire tuer pour avoir perdu une précieuse seconde avant de réagir. Il n'est pas interdit non plus de faire appel à l'excuse de la poussière dans l'œil, lorsque l'on est surpris le mouchoir à la main au cinéma, à l'issue d'une scène d'un film qu'aucun critique sérieux n'aurait l'idée de qualifier d'émouvante mais qui libère des larmes trop longtemps contenues. De plus, l'expérience acquise dans un univers peut aussi servir dans l'autre : j'ai appris au contact des miliciens de tout poil qui hurlent en menaçant de nous arrêter ou de nous tuer qu'il faut parler doucement, à la limite du murmure, pour espérer que les gens se calment car ils sont obligés de se concentrer pour écouter ce que vous dites, et le calme comme la nervosité sont extrêmement contagieux. Evidemment, le résultat ne peut pas être garanti à 100 % mais il vaut la peine d'être testé sur n'importe quel conducteur parisien irascible. Cette série de « petits arrangements » avec la vie, et parfois la mort, s'est agrémentée au fil des ans de claustrophobie pure et dure. Sans même parler de l'avion où j'ai l'impression d'être totalement impuissante dans cette espèce de boîte à sardines volante, je ne supporte plus d'être bloquée ou enfermée, au point de ne pas pouvoir me retrouver assise face à un mur dans un restaurant, y compris en France, où, il faut l'avouer, le risque d'être attaquée par-derrière et donc par surprise est on ne peut plus limité... Un jour, je me suis ouverte, notamment de ce dernier travers, à une amie bardée de diplômes de psychologie pour savoir s'il était possible d'y remédier. Il paraît qu'il y a bien plus gênant que la claustrophobie et que le remède pourrait être pire que le mal. Je vis donc avec mes petites manies et mes trucs secrets. De toute façon, comme me l'avait dit Rémy au milieu de ses combats salvadoriens, tous les grands reporters ou presque sont de grands dingues.

L'un des premiers qu'il m'ait été donné de rencontrer sur le terrain ressemblait un peu à une caricature des générations précédentes. Il avait les traits burinés de tous les soleils sous lesquels il avait couvert les guerres des années soixante-dix et quatre-vingt. Il ne prenait même pas la peine de cacher la flasque de whisky qu'il promenait toujours dans son cartable pour s'en octroyer de généreuses rasades dès potron-minet. Il s'appelait Bruno, était allemand et c'est lui qui m'a préparée à la mort. Nous décollions de Bagdad, l'avion d'Iraki Airways était presque vide et je rentrais seule, mon équipe ne devait revenir que le lendemain. Je relisais mes notes, réfléchissant au sujet que j'allais monter de retour à Paris. A un moment, j'ai regardé par le hublot et je me suis aperçue que notre appareil ne prenait pas de l'altitude. Un steward est arrivé en courant pour regarder le réacteur, au niveau duquel je me situais. Il a crié quelques mots en arabe à l'un de ses collègues et est reparti vers le cockpit sans prendre la peine de répondre à la question que je lui posais en anglais sur l'origine du problème. Nous étions en pleine guerre contre l'Iran, j'ai tout de suite pensé à un attentat ou plus classiquement à une panne, mais dans les deux cas à de très sérieux problèmes. Un vent de panique a commencé à souffler que Bruno n'a pas senti : il dormait du sommeil du GROLD, épuisé par son reportage, deux rangs derrière moi. J'ai pensé que je ne voulais pas mourir seule. Je me suis donc levée et suis allée le réveiller pour lui dire en allemand que je craignais que la situation soit assez grave. L'avion n'avait pas pris un centimètre d'altitude et l'équipage s'obstinait à continuer à hurler. Bruno a plongé la main dans son sac à la recherche de sa boisson préférée et m'a expliqué qu'il ne fallait pas s'inquiéter, que tous deux nous étions rentrés vivant à plusieurs reprises de la guerre du Liban où d'ailleurs il avait été blessé par balle à l'épaule. Il m'a montré sa cicatrice impressionnante pour étayer sa thèse, selon laquelle même lorsque les situations paraissent compliquées, elles ne sont pas forcément désespérées. Mais au bout de quelques minutes et quelques lampées de whisky, il fallait bien se rendre à l'évidence. Nous avions renoncé à essayer d'interroger les stewards, trop occupés à surveiller les réacteurs et, petit à petit, Bruno s'est fait à l'idée qu'il s'agissait peut-être, en effet, de notre dernier vol. Il m'a alors parlé d'un livre sud-américain qui l'avait marqué, d'un voyage initiatique vers l'au-delà. Un prêtre se trouvait parmi un groupe de personnes, perdu dans la jungle, sans aucune possibilité de secours. Il avait demandé à chacun de raconter tous les événements positifs de sa vie, ses plus beaux moments, pour faire admettre à tous la perspective de cette mort certaine. Bruno m'a dit : « C'est à notre tour, commence, dis-moi quels sont tes plus beaux souvenirs. » Au début, je lui ai rétorqué que j'avais vingt-sept ans, que je ne voulais pas disparaître, que son histoire était complètement idiote et qu'il ne m'aurait pas avec des ficelles aussi grosses. Mais son calme et sa sérénité, son courage face à cette situation m'ont gagnée et nous nous sommes finalement reposés à Bagdad, avec notre avion tout de travers, dans une douce ambiance de confidences, arrosées de quelques lichettes d'alcool. Par la suite, chaque fois que j'ai cru que ma dernière heure était arrivée, j'ai toujours repensé à Bruno, à son personnage de curé sud-américain et à mes plus belles aventures pour me préparer à un départ en douceur. Sans hystérie, sans indignité pour que la violence ne détruise pas, au moins, la beauté de ma vie. Comme une minuscule victoire face à l'irréversible.

Les premiers jours qui suivent le retour sont toujours ambivalents. Il y a bien sûr le bonheur d'être rentrée mais qui se mâtine souvent d'un vague sentiment de culpabilité d'avoir « abandonné » les autres, les copains, une population qui souffre, un être ou une cause pour lesquels on s'est « battus ». Le pire est de se retrouver face à la vanité de sa « mission ».

Washington, août 2000 : un arriéré mental, d'origine mexicaine, doit être exécuté. Je contacte son avocat, fais un « sujet » pour le 20 heures, bouscule les autorités françaises et l'Union européenne qui œuvrent contre la peine capitale. Mais à l'heure dite, Oliver Cruz est mis à mort, sans avoir pu bénéficier du soupçon de compassion nécessaire à la révision, au moins partielle, de son cas. La date de son exécution coïncide avec le premier jour de mes vacances. Mon ami Bruce, le cameraman, m'a promis de m'appeler en Sardaigne. Je contemple la mer quand il m'annonce la nouvelle. J'ai immédiatement envie d'étrangler les vacanciers que je vois au loin sur la plage, considérant injustement que s'ils consacraient la moitié de l'énergie qu'ils mettent à s'enduire de crème solaire à se mobiliser contre la peine capitale, on n'en serait peut-être pas là. Et puis, je m'abandonne à la fuite et donc au sommeil pour essayer de « récupérer », de dissimuler ma tristesse et ma mauvaise humeur.

Au retour des reportages, il y a toujours, de toute façon, une énorme fatigue, une envie de dormir qui correspond souvent à celle de rester encore un peu dans les brumes de l'univers duquel on émerge pour que la rupture ne soit pas trop brutale, comme une petite fidélité à ceux que l'on vient de quitter.

Dans ces périodes-là, il ne faut surtout pas m'entraîner dans le débat de la subjectivité-objectivité. Je n'y crois pas, ne compte que l'honnêteté. Aux petites questions perfides sur le thème : « Mais vous, les journalistes, vous avez vos idées... », je réponds oui, coupe court et affirme pour la énième fois que mon seul combat, que je revendique, est d'être du côté des victimes et de dire des vérités même si elles fâchent. Je me souviens d'une « sauterie » un soir à Alger alors que, quelques jours auparavant, l'aéroport de la ville avait été la cible d'un attentat. Le matin même, la presse locale et donc un des clans du pouvoir dont elle dépend s'étaient flattés, en première page, de désigner au peuple les coupables, dont l'identité était résumée en trois lettres : FIS, qui pour l'occasion signifiaient France-Iran-Soudan. Histoire d'alimenter la conversation et d'obtenir quelques informations, j'interroge un diplomate français présent pour savoir comment avaient réagi l'Elysée et le Quai d'Orsay à cette accusation surréaliste mais dangereuse tant elle pouvait conduire à des violences contre les « fransaouis ». A ma stupéfaction, mon interlocuteur me répond que justement il n'a pas fait de rapport à ce sujet pour ne pas inquiéter Paris. J'ai fait un reportage dans le journal de 20 heures. Le diplomate avait raison sur un point : il y avait de quoi s'inquiéter. Dans les mois et les années qui ont suivi, l'Algérie a sombré dans la guerre, les civils comme d'habitude ont payé le prix fort dans cette boucherie et des Français ont été tués.

Certains pires pourfendeurs de notre travail sont souvent les journalistes de presse écrite qui ont passé des années à cracher, parfois à juste titre, sur le petit écran. Mais force est de constater que depuis qu'eux-mêmes participent à des émissions télévisées ce genre de débat est moins mordant et plus rare...

J'apprécie aussi beaucoup les dîners en ville où régulièrement une bonne âme entame la discussion sur la « téloche ». Après l'avoir décriée, en citant par le menu des émissions que je n'ai moi jamais vues, d'un air goguenard, un quidam me pose inévitablement la question de savoir comment je suis entrée dans ce lieu de perdition. Je réponds avec un grand sourire : « En couchant. » Si ce participe présent n'offre pas le mérite de refléter la vérité, il présente au moins celui de clore instantanément le débat initié par ces téléphages honteux. Ce genre de discours me rappelle d'ailleurs systématiquement les sondages consacrés à la petite lucarne où les émissions les plus intéressantes arrivent en tête, contrairement à la preuve du contraire infligée par l'audimat.

Se trouve également en bonne place, dans mon échelle personnelle d'agacement, le sempiternel « on n'y comprend rien, à la télé, ça va trop vite », sous-entendu « pour nous qui sommes dévorés par l'envie d'apprendre et de découvrir ». Les mêmes assoiffés de connaissances vous avouent dans la foulée qu'ils ne lisent pas non plus les journaux. A part la génération spontanée de la culture, je ne vois pas où réside la solution. Il y a aussi ceux qui croient me faire plaisir en m'assenant : « C'était passionnant votre reportage l'autre jour, on ne savait pas tout ça. » Et neuf fois sur dix, c'est un sujet que j'aborde depuis une décennie... Il faut croire que je m'y prends mal.

Enfin, il y a les accros des fringues. Je peux avoir évoqué toutes les douleurs du monde depuis sa création à l'antenne, ils me parleront de la couleur de ma veste ou de celle de mon rouge à lèvres qui n'était pas assorti à je ne sais quoi... Certains, plus compatissants, vont s'appesantir sur ma mauvaise mine... « Ma pauvre Catherine. »

Cependant, la vérité me force à avouer que la plupart des gens qui s'adressent à moi sont en principe très gentils et souvent flatteurs. A peine sont-ils déçus de découvrir que je suis petite (1,63 mètre), ils m'imaginent toujours plus grande.

Mais résultat, il vaut mieux éviter les dîners en ville si l'on ne connaît pas tous les convives quand on se trouve dans cette phase de semi-déprime post-reportage, en grand écart facial entre un pays lointain et la vie parisienne.

Parfois, cependant, on rayonne presque de bonheur, notamment quand on a réussi à « voler » des images à un régime dictatorial. Je me souviens de retours, où j'avais la trace du film incrusté dans la peau pour l'avoir caché, sous mes vêtements, durant tout le voyage, au moins jusqu'à l'entrée dans l'espace aérien français. La technique paraît simple : pendant qu'un membre de l'équipe occupe le censeur local, un autre démonte la cassette pour en extraire la précieuse bande avant que je ne la « prenne en charge ».

Et puis durant quelques jours, on pense presque H24, à ceux qu'on a laissés derrière nous. On essaie d'avoir des nouvelles. On se remémore des scènes, on essaie de s'arrêter sur les plus drôles. Un jour, Manuel, pêcheur invétéré qui n'attrape presque jamais rien, était parti taquiner le poisson pendant que j'effectuais le montage du sujet, durant la guerre à Beyrouth. Comme d'habitude, il n'a rien pris et un milicien désœuvré qui l'observait de son poste depuis des heures l'a pris en pitié et lui a proposé avec l'accent traînant des Libanais : « Si tu veux, *yani*, je jette une grenade dans l'eau comme ça tu auras quand même des poissons... »

Le grand jeu des miliciens ou des militaires, quand nous sympathisons avec eux sur le terrain, consiste à nous faire tirer. Ils nous proposent tous les calibres, toutes les munitions possibles. J'ai toujours refusé car je considère que cela ne fait pas partie de notre travail et que la confusion des genres est dangereuse. En 1989, nous étions entrés en Iran avec l'armée des opposants, les « moudjahiddines du peuple », lorsqu'un de mes confrères s'est convaincu que l'armée de Khomeiny allait contre-attaquer et tous nous tuer. Il m'a dit : « Catherine, il faut qu'on prenne des armes pour essayer de se défendre ou se flinguer pour échapper à la torture. » J'ai voulu rester calme, lui ai assené le *must* :

« Ne t'inquiète pas, ça va bien se passer », mais il n'en démordait pas. A bout d'argument, je lui ai fait valoir que porter une arme était le meilleur moyen de se faire descendre ou pire traiter d'espion avant d'être passé à la question, dont on peut imaginer toutes les subtilités persanes. Et puis enfin, je lui ai rappelé que nous étions protégés par la convention de Genève. Tout à son scénario pessimiste, il m'a rétorqué : « Tu sais ce qu'ils en font tes mollahs de la convention de Genève... » A ce moment-là, un bombardier est arrivé qui a clos la conversation. Un journaliste grand et gros s'est jeté par terre, en m'entraînant dans sa chute. Mon genou droit a pris mon poids, plus les cent bons kilos de mon confrère en pleine rotule. D'après les médecins à Paris, une opération aurait été indiquée. Je ne l'ai jamais tentée et, parfois, il se bloque gentiment. Quand je suis en France, de retour de reportage avec ma besace pleine de bonnes résolutions, je me dis que je vais finir par m'en occuper.

La liste est longue des choses que je suis censée faire entre deux tournages. Et tout d'abord, revoir ma famille et mes copains mais sans jamais vraiment parler de ce que je vis en reportage ou, simplement, du côté anecdotique des choses.

Aussi incroyable que cela puisse paraître pour une journaliste, je suis un peu une handicapée de la parole, pudique au point de sembler hautaine et distante. Pourtant, j'adore rire et faire rire. Je tiens cette manie de mon père qui raffole des plaisanteries et supportait même les plus bêtes quand j'étais petite. Au restaurant, quand ma mère n'était pas là, je m'amusais inlassablement à dévisser les têtes des poivrières pour voir ensuite la mine déconfite des clients dont les plats étaient noyés sous cette épice. J'avais l'excuse de l'âge. Lorsqu'il rentrait de reportage, ses retours se résumaient à une incroyable fête : cinémas (mon premier film fut *Lawrence d'Arabie* qui m'a donné à jamais l'amour du désert et du voyage), sorties en tout genre, danse tous les week-ends grâce au pick-up sur lequel nous passions les derniers disques à la mode et une disponibilité totale de sa part qui me permettait de lui raconter par le menu tous les petits événements de ma vie, de celle du lapin, du chien, du cheval, du chat, de mon club d'escrime et des voisins. Pipelette confirmée, je faisais ainsi mes premières armes de grand reporter.

L'insouciance l'a définitivement emporté sur l'angoisse, lorsque j'ai eu l'âge de comprendre. A l'époque, mon père était cameraman et, un soir, nous avons vu ses images, celles d'une manifestation violente, en Turquie je crois, où brutalement surgissait un policier armé d'une matraque qui s'approchait de l'objectif et frappait. Les images se sont mises à danser puis ont disparu en même temps que la caméra tombait par terre. C'est à ce moment-là que, pour la première fois, j'ai réalisé que derrière cette caméra se trouvait mon père et que le policier lui avait sûrement fait très mal. J'ai un peu crié, beaucoup pleuré, cultivé durant très longtemps la haine des flics mais il est revenu quelques jours plus tard, avec comme d'habitude le sourire aux lèvres, les bras chargés de cadeaux et aucun hématome visible. J'en ai conclu que tout ça n'était pas si grave et qu'il n'y avait pas lieu de s'affoler.

De l'autre côté, je tiens de ma mère une drôle de politesse qui consiste à ne jamais parler des choses personnelles qui vont mal, pour ne pas gêner l'interlocuteur. Non seulement il faut dire que tout va bien quand on vous pose la question mais il ne faut jamais se plaindre quelles que soient les circonstances. Elle est ainsi capable de taire durant des années les événements les plus graves et les plus tristes.

Résultat, entre l'humour tout terrain de mon père, l'optimisme volontariste de ma mère et ma propension congénitale au papotage, il paraît que j'ai un certain talent de narratrice pour animer les soirées en relatant notamment mes plus belles gaffes. Ainsi, un soir à Jérusalem, un couple qui compte parmi mes meilleurs amis me convie à dîner. J'arrive en retard, à cause d'un sujet que j'ai dû envoyer à Paris, tous les convives sont déjà là. Je n'en connais aucun et comme cela se produit parfois, les conversations s'arrêtent à cause de mon intrusion. Moi qui déteste le silence, je me sens obligée de prendre la parole dans l'urgence. Pour une raison inexpliquée, alors que la logique aurait voulu que j'aborde la situation dans la région, en bonne journaliste spécialiste du Proche-Orient, je me lance dans une critique que je veux comique du gag à répétition de l'époque : les frasques de Clinton. Dans l'après-midi, j'ai aperçu Hilary à la télévision, mal maquillée, mal éclairée, demandant aux Américains en cette période de Noël d'accorder leur pardon à son mari. Non seulement personne ne rit mais nul n'ébauche même l'ombre d'un sourire. Au lieu de flairer le danger, je m'enferre, continue la parodie de l'interview de la « First Lady », avec force geste et accent américain. Le bide total. Nous passons à table et au milieu du repas, je découvre que l'une des convives est... l'assistante d'une certaine Mrs Clinton ! ! ! J'ai cherché le trou de souris dans lequel j'aurais pu disparaître et j'ai rencontré le regard de mon hôte qui, peu rancunier il faut l'admettre, me souriait de toutes ses dents.

Avec Azmi, Thierry, Bruce et les autres, nous avons l'équivalent d'un catalogue de blagues de toutes origines et de tous continents, déclinables dans toutes les langues. Bruce ne m'appelle plus que CAT, ce qui dans le langage codé des services secrets de la Maison-Blanche signifie Counter Attack Team (unité de contre-attaque), pour toutes les fois où il m'a vue hurler, à tort ou à raison, contre la rédaction. Patrick et Ivan ont été durant longtemps mes principaux pourvoyeurs de plaisanteries et comme la manie d'envoyer des cartes postales ou celle d'appeler tout le monde « ma poule », leur humour m'est resté en héritage. Comme arme pour lutter contre le stress et décompresser.

Thierry, un de mes bons amis cameramen, a le pouvoir de savoir rire de tout et la capacité d'oublier les mauvais souvenirs. Une de nos plus belles rigolades s'est déroulée à Alger où nous étions invités chez des gens très sympathiques qui se piquaient de peinture moderne. La maîtresse de maison nous entraîne dans la découverte des toiles de jeunes artistes du cru qui égayent tous les murs de sa vaste demeure. Elle s'arrête devant l'une d'elles, un tableau abstrait, et nous déclare qu'il s'agit là de son œuvre préférée. Dans une fraction de seconde Thierry et moi nous regardons, et comprenons que nous partageons la même analyse peu finaude du trait qui barre le tableau qui nous apparaît comme un graffiti à la gloire du sexe masculin. A peine remis de notre fou rire que nous avons tenté de dissimuler sous une fausse quinte de toux, nous prenons l'apéritif quand un énorme coup de tonnerre retentit et Thierry se jette sous la table, comme il est convenu de faire en cas de bombardement. Les verres en cristal ont vaillamment résisté à cette attaque éclair. « Bizarrement », nous n'avons plus jamais été invités chez ces braves gens...

Quand je ne suis pas en train de faire le clown, je m'inflige au retour de mes reportages un emploi du temps digne d'un ministre, pour essayer de continuer à vivre dans la même effervescence. J'ai tendance aussi, durant quelques jours, à donner des ordres à mon entourage comme je les distribue sur le terrain pour organiser les tournages. Je cours chez mon coiffeur avec qui j'adore deviser, j'achète un livre dont j'ai lu une critique dans l'avion du retour et je réponds à ceux qui ont tenté de me joindre pendant mon absence. Je vais bien sûr au bureau notamment pour rendre les factures de mes dépenses d'hôtel ou de restaurants et aussi pour découvrir la littérature qui m'a été adressée, notamment par deux ou trois fous qui m'alimentent de missives plus ou moins gentiment délirantes, en fonction de mes sujets et de leurs humeurs. Parfois aussi, de vieilles connaissances de mes parents datant de l'Indo m'écrivent, en faisant assaut de précautions, pour me dire que je ressemble terriblement à une jeune anesthésiste qui opérait dans les antennes chirurgicales dans les années cinquante et qui a longtemps travaillé à l'hôpital de Hué. « Alors, j'ose prendre la plume pour vous demander, tout en vous priant de m'excuser pour cette indiscrétion, si par hasard vous ne seriez pas sa fille. Dans ce cas, vous serait-il possible de lui transmettre mon meilleur souvenir et mes coordonnées. » D'autres fois, on me questionne aussi sur ma filiation possible avec un ancien correspondant de guerre, photographe de son état, qui a traîné ses guêtres dans pas mal de rizières. Chaque fois, je me fais un plaisir de faire suivre ces souvenirs ressurgis d'un passé vieux d'un demi-siècle, prémices à des retrouvailles émues garanties.

Je rappelle des personnes que j'ai rencontrées en reportage et avec qui j'ai convenu de rester en relation. Des militaires appartenant à une unité d'élite m'avaient ainsi promis de me faire sauter en parachute. C'était un de mes grands fantasmes de pouvoir quitter en plein vol un avion que, par définition, je déteste. Rendez-vous est pris pour un saut en « tandem », c'est-à-dire accrochée par un harnais à un instructeur, qui vous permet de découvrir les joies de la chute libre. J'arrive avec une de mes meilleures amies que j'avais entraînée dans l'aventure, sur le site, à trois heures de route de Paris. Munies de l'autorisation spéciale du ministère de la Défense, nous découvrons qu'en fait nous allons sauter d'un hélicoptère, un Puma, qui nous emmène en quelques minutes à trois mille six cents mètres d'altitude. Toujours prévoyante j'envisage le pire : si jamais mon instructeur meurt d'une crise cardiaque en pleine chute. Je ne le connais pas et n'ose donc pas évoquer directement cette possibilité. « Si jamais, vous vous endormez, que dois-je faire ? » Il me regarde, m'évalue et me répond : « De toute façon, vous êtes trop petite pour tirer sur la poignée qui commande le parachute. » Je pense, *in petto*, que je devrais perdre l'habitude de poser des questions mais il poursuit : « Le parachute est branché à un altimètre et il s'ouvrira si nécessaire, tout seul. » J'ai vécu un moment extraordinaire en volant dans le ciel, harnachée à mon héros du jour, et j'ai mieux compris l'expression « se faire remonter les bretelles », au moment où la voile s'ouvre et où l'on passe de deux cent cinquante kilomètres-heure à presque zéro à l'heure. J'ai cru que je m'étais étirée toute la colonne vertébrale tellement le choc est violent sur les bretelles du harnais... Mais je suis prête à retenter l'expérience à la première occasion. J'ai retrouvé l'équipage du Puma, trois mois plus tard, au Kosovo mais, là, il n'était pas question de saut. Juste de rejoindre l'aéroport de la capitale Pristina, avec le général chef d'état-major des armées françaises, pour ensuite regagner Paris à 20 heures, le soir du 24 décembre...

Et puis surtout, entre deux reportages, je vais à la campagne : ma sœur dirige un club hippique où se trouve ma jument d'Estria (une Andalouse gris pommelé que j'adore). Je l'ai vue naître et je ne me lasse pas de son mauvais caractère corrigé par une affection débordante. Je me sens au paradis dans cet incroyable calme des forêts et des champs qui me paraissent bien plus exotiques que n'importe quel pays lointain. Je me promène des heures avec les chiens, en pestant contre les périodes de chasse qui, le week-end, nous clouent à la maison. Je furète, j'achète des œufs et des poulets de la ferme, vais à la « cueillette » chercher fruits et légumes et me promets de me plonger dans des livres de recettes à la première occasion.

Quand je suis dans cette campagne, la région qui nous était commune à Ivan et moi, je vais au cimetière pour les dates anniversaires : celle de sa disparition ou de la Toussaint. Je lui rends visite pour lui annoncer les grands événements qui me sont personnels et, chaque fois, je lui fais un petit compte rendu des derniers soubresauts de la Russie. Je vais sur sa tombe également à chaque changement de saisons pour lui apporter les fleurs fraîches du moment, à lui qui les aimait tant et m'en offrait chaque semaine quand nous étions à Moscou. J'ai toujours une impression bizarre de l'imaginer sous cette dalle de marbre, étendu pour l'éternité. J'adore les cimetières, leur silence, j'aime flâner entre les tombes en y déchiffrant les noms des disparus. Ivan qui vouait une passion aux enfants repose non loin d'une petite fille.

Et puis insidieusement, au fil des jours et des semaines, une espèce de malaise se fait jour : le manque, celui du reportage. J'oublie mon programme surchargé, je me « marmottise », je peux regarder des heures des séries des années soixante-dix à la télévision. Je pense à Henri Laborit et médite sur ses recherches concernant le comportement humain : « L'inhibition de l'action entraîne l'angoisse. » Je mets la radio en permanence, pour lutter contre le silence mais également savoir ce qui se passe dans le vaste monde, essayant de dénicher une idée de départ à soumettre à mes chefs. Je me branche sur Radio France Internationale qui me fait voyager d'un pays à l'autre, me renvoie la lumière du Proche-Orient ou de l'Asie, me fait renifler les odeurs des marchés et de la chaleur, décroche dans mes souvenirs des tableaux ou des visages et me donne, en fait, ma bouffée d'oxygène exotique quotidienne et nécessaire. J'ai l'impression de faire partie d'une tribu de réducteurs de têtes quand je n'entends parler que de la France et encore de la

France ainsi que l'impose une tendance de plus en plus lourde dans les médias hexagonaux. J'essaie de combler « le vide », en décidant par exemple de me remettre à la gym, qui est censée être bonne pour le physique et le moral. Je récupère le sac tout poussiéreux qui gît sous mon bureau et annonce à mes copines musclées que je suis de retour dans le circuit. Mais inévitablement surgit un bon prétexte pour jeter l'éponge. La dernière fois, alors que toute courbatue des exercices de la veille je me livrais à mes ablutions dans la salle de bains en écoutant la radio, le spécialiste médical de la station s'est lancé dans un grand discours pour expliquer, par le menu, tous les risques qu'encouraient les sportifs intermittents. De l'attaque cardiaque à la déchirure musculaire. Churchill avait raison, lors d'une des dernières interviews qu'il avait accordées, en réponse au journaliste qui lui demandait quel était son secret de longévité, malgré la boisson et les cigares. Il avait lâché : « *No sport.* » *Exit* donc l'activité physique pour lutter contre l'ennui, avec toute la mauvaise foi nécessaire qui me pousse, de surcroît, à organiser des déjeuners avec des « contacts » tous les jours, précisément à l'heure des cours de gymnastique. J'en profite aussi pour observer mes congénères dans ces périodes de vaches maigres de l'information. Il y a ceux qui font contre mauvaise fortune bon cœur et ceux qui sont prêts à toutes les compromissions et toutes les petitesses pour être les premiers à partir. Toujours les mêmes, y compris pour des sujets qui ne présentent qu'un intérêt très modeste...

Une fois, la rédaction, dans une de ces parenthèses de calme, nous avait organisé un stage de

« sensibilisation à la guérilla urbaine », sous l'égide de l'armée. Je m'étais inscrite avec enthousiasme, ayant compris, à tort, qu'il s'agissait d'un stage de secourisme. Arrivée sur place, dans le sud de la France, un centre commando, j'écoutai d'une oreille distraite l'officier expliquer qu'il faudrait descendre en rappel, remonter en varap, se familiariser avec les explosifs, se lever à six heures du matin pour se jeter dans l'eau glacée et faire une espèce de parcours du combattant en se faisant tirer dessus. A la fin de son exposé, je lui ai fait valoir que j'étais venue pour le stage de secourisme. Il a répondu : « Ah oui, j'avais oublié, il est prévu demain après-midi. » C'est alors que j'ai compris que tout le programme qu'il venait de décrire était celui auquel j'allais me soumettre durant une petite semaine. Haut les cœurs ! Nous avons crapahuté du matin au soir, sous les ordres et le regard interrogatif d'un instructeur, qui d'ordinaire avait affaire à des parachutistes ou des postulants à des unités spéciales qui venaient ici passer leur brevet de commando. Il a fait preuve de patience et de gentillesse pour notre petite troupe de comiques. Je suis rentrée à Paris avec des bleus partout et en réalisant pour la première fois à quel point la guerre est dangereuse. Les militaires nous ont tout montré des pièges et des armes modernes, capables de nous tuer à coup sûr à très longue distance, de nuit comme de jour. Le but du stage, précisément, était d'aider les journalistes à se protéger dans les zones de conflit. Comme d'habitude, nous avons traité tout ça par la plaisanterie mais en nous demandant comment nous avions réussi à revenir vivants de toutes les guerres que nous avions couvertes...

J'aime plutôt bien les militaires, à force de les

côtoyer. Au cours de mon enfance, où mes parents comptaient de nombreux amis dans leurs rangs. Sur le terrain, où cela fait longtemps qu'ils ne traînent plus leurs rangers dans de sales guerres coloniales et où ils nous aident parfois, surtout depuis qu'ils conduisent des missions humanitaires et qu'ils ont tout intérêt à ce que la presse parle d'eux comme des nouvelles « nounous » de la planète. Souvent, ceux qui ont vécu les situations les plus extrêmes sont les plus discrets, même physiquement, ils ressemblent rarement à Schwarzenegger tout en appartenant à des troupes d'élite. La plupart du temps nous n'avons pas le droit de les filmer ou nous devons le faire de telle sorte que leur identité soit préservée. Je croise l'un d'entre eux de temps en temps quelque part sur la planète. On plaisante régulièrement sur le fait que si, un jour, je suis prise en otage, ils viendront me chercher. J'aime bien leur sobriété et la réflexion qu'ils mènent maintenant sur leur métier. Leurs confidences se révelent souvent difficiles à obtenir mais leur solidarité, en revanche, n'est jamais prise en défaut. J'en ai appelé certains, de l'autre bout du monde, pour me renseigner sur la qualité de gilets pare-balles ou sur les spécificités de telle ou telle arme. Ils m'ont toujours répondu et rendu service. Parfois, nous nous rencontrons autour d'une bonne table à Paris, entre deux missions, et rarement pour parler du pire. Grand événement récemment, pour la première fois, un de mes copains vient d'être nommé général...

Lorsque « l'étranger » me laisse du répit, je travaille désormais « sur la France ». J'ai fait une enquête sur la Brigade de protection des mineurs à

Paris avec Manuel, mon complice des coups difficiles. Les gens croient souvent que nous avons le cœur desséché, à force d'avoir vu tant d'horreurs, *urbi et orbi.* Nous sommes d'ailleurs partiellement responsables de cette impression qui se dégage de nous, en tentant fréquemment de dissimuler nos émotions derrière le rire ou un ersatz de cynisme. Mais à l'issue de ce tournage, nous étions dévorés par l'écœurement, révulsés par les souffrances des enfants victimes de pédophiles. Les cas de récidives sont légion. Nous avons filmé un vieux qui avait déjà été condamné en 1965, pour des crimes similaires. Au Canada, les pervers de ce type sont suivis à vie. Ils n'ont plus le droit d'habiter dans un environnement où se trouvent des enfants. Le cas échéant, les autorités prennent à leur charge les frais de déménagement pour les éloigner de leurs proies. Les « flics » de cette brigade, composés à 50 % de femmes, sont remarquables. Ils sont volontaires et conservent vis-à-vis de leurs « gardés à vue » un minimum de politesse, distance nécessaire par rapport à tous ces pervers. Ils traitent des centaines de cas chaque année.

J'ai également réalisé un reportage sur la section de recherche de la gendarmerie de Paris qui travaille notamment sur l'enquête qui touche à la « vache folle ». Les membres de cette unité sont pour la plupart issus du monde paysan. Ils ont l'envie de se battre pour la santé publique chevillée à l'âme, surtout depuis qu'ils ont enquêté sur le sang contaminé, il y a quelques années. Avec leur allure, qui s'apparente plus à celle du sergent Garcia qu'à celle de James Bond, ils m'ont confié avec quel mépris les regardaient arriver, dans un premier temps, les chefs d'entreprises mouillés dans ce scandale. Sûrs que le nombre de zéros alignés sur leur fiche de paie les dispensait de répondre aux questions des représentants de la maréchaussée. Que les contribuables se rassurent, il faut plus que de la morgue, aux « hommes en bleu », pour se laisser distraire de leur mission. Les premiers procès des fraudeurs vont d'ailleurs se dérouler dans le courant de cette année. Les scandales vont probablement se multiplier, entre autres sur la passivité des pouvoirs publics dans certains dossiers. Les gendarmes n'ont pas fini de dresser des procès-verbaux.

En France dans notre vie personnelle ou professionnelle, nous gardons nos réflexes de grands reporters. Lorsque nous voulons quelque chose, nous savons mettre le pied dans la porte, parfois au mépris des convenances, et déployer une énergie pour atteindre notre but qui surprend souvent. Je suis capable de me mobiliser de la même manière pour décrocher l'interview d'un Premier ministre ou obtenir réparation auprès de mon assurance, en cas de litige. Il y a bien longtemps que j'ai perdu le sens des nuances, ce qui amuse régulièrement mon entourage. Cependant, je ne m'engage sur le chemin de la guerre que lorsque je considère que je dois faire valoir mon bon droit, ou celui d'un être cher ou faible, sinon au contraire, comme dit toujours ma mère, quand elle observe mes désordres ou mes distractions depuis mon plus jeune âge, je suis « très détachée des contingences matérielles ». Autre travers des grands reporters, il nous est difficile d'admettre l'idée de la hiérarchie et nous avons plutôt la dent dure vis-à-vis de ceux qui veulent nous imposer leur autorité sans avoir, selon nos critères, les galons nécessaires. Du coup, nous oscillons entre la récrimination et l'apathie dans les phases de mauvaise humeur. On nous qualifie parfois de « divas », entre critique et envie.

Il y a peu, j'ai frôlé la crise de nerfs et de larmes. L'écran de mon agenda électronique, la mémoire de ma mémoire, s'obstinait à rester totalement noir malgré mes efforts désespérés et de plus en plus frénétiques à taper sur la touche *on*. Je l'envoie donc chez le réparateur. A son retour, lobotomisé, il a perdu une partie du début de son alphabet et il est complètement amnésique à partir de la lettre S, comme Somalie. D'après les spécialistes, on ne peut rien tenter de plus : « Il fallait prendre le soin de sauvegarder vos données. » C'est plus de la moitié de mes numéros de téléphone qui ont été gommés. J'avais commencé à les enregistrer dans les avions qui me menaient d'un bout à l'autre de la région du Golfe, il y a dix ans, au moment de la guerre. Je me réconforte avec ma phrase préférée : « il n'y a pas mort d'homme », et je repense à la Somalie, un de mes plus mauvais souvenirs de reportages.

En ce mois de décembre 1992, nous survolons ce pays d'Afrique orientale, à bord d'un tout petit avion piloté par un Anglais qui est l'un des derniers à accepter de se poser à Mogadiscio ravagé par la guerre civile. Dans les jours qui viennent, on attend le débarquement sur place d'une force militaire franco-américaine pour mettre fin au désastre. A peine posé, notre British veut repartir et nous nous retrouvons cernés par une bande d'hommes en armes qui nous demandent des centaines de dollars, c'est-à-dire une somme incommensurable à l'aune locale, pour convoyer notre matériel jusqu'au point de « diff ». C'est fou ce que des kalachnikovs négligemment pointées sur nos tempes peuvent nous décider à mettre la main à la poche avec un minimum de négociations. Des chauffeurs qui se sont auto-désignés de la même manière nous prennent en charge, ils ont une mitrailleuse sur le toit de la voiture et une bonne quantité de « kat », la drogue locale, à portée de main. Le soir, à force de se défoncer, ils ont les dents vertes de la couleur du kat et les yeux rouges. Nous avons trouvé une maison à louer qui appartenait à la maîtresse d'un ministre qui a pris la fuite, comme la plupart des responsables politiques quand les guerres éclatent. Le cuisinier de la maison d'à côté, également réquisitionnée par la presse, a été égorgé au marché pour lui subtiliser les quelques dollars destinés à payer les courses. Toute la ville ou presque, travaillée par les islamistes, respire la haine des Occidentaux qui prétendent faire son bonheur malgré elle. Pour la seule fois de ma vie de grand reporter, je n'ai jamais réussi à accorder ma confiance à quiconque, pas même à notre chauffeur, avec qui nous avons pourtant passé près de trois semaines. Une période qui d'habitude permet de nouer des liens d'amitié. Nous sommes rentrés en France, en prétendant que nous partions pour quelques jours dans le nord du pays mais que nous allions revenir à Mogadiscio, faute de quoi, nous craignions qu'il ne nous dévalise sur la route de l'aéroport, avant de voir s'envoler ses poules aux œufs d'or. L'opération militaire pour, officiellement, éradiquer la famine, qui en fait était déjà presque terminée, a été un échec total : les Américains soumis au lobby pour le droit de chacun de disposer d'une arme (NRA : National Riffle Association) ont renoncé à désarmer les milices somaliennes qui ont donc pu reprendre leurs razzias sur l'aide humanitaire et leurs massacres dès avant le départ du dernier soldat de l'opération qui s'intitulait Restore Hope, rendre l'espoir... Tant pis pour les plus pauvres et les plus démunis, tout le monde a oublié la Somalie et l'impossible équation pour la soustraire à ses propres démons. Pour s'en convaincre, il suffit de constater que la couverture médiatique du départ peu glorieux des « mirlos » a été l'inverse exact de leur arrivée tonitruante. Du barnum mondial, on est passé à des reportages presque confidentiels. De là à dire que la presse ne tient pas à fâcher le pouvoir politique, il ne faudrait quand même pas exagérer...

J'en suis là de mes réflexions pernicieuses quand mon regard se pose de nouveau sur mon Casio et, brutalement, je réalise que je ne retrouverai jamais les coordonnées de « mes » morts dont je relisais toujours les noms avec plaisir et tristesse, en faisant défiler adresses et numéros de téléphone par ordre alphabétique. Le sort électronique s'est chargé d'effacer ces marques de fidélité et de mémoire affectives. Durant plusieurs jours, j'ai rechigné à utiliser ce rogaton d'*organiser*, toute à mes superstitions et culpabilités.

Elles me viennent de très, très loin. Lorsque j'étais petite, j'adorais mon grand-père Charles qui me récupérait à chaque vacances car j'étais malade et je trouvais chez lui à la campagne l'air pur qui convenait à mes poumons. On a joué des milliards de fois à « Thierry la Fronde » ou « Robin des Bois », les héros qui se battaient pour les pauvres contre les riches. Il fermait les yeux quand je chipais quelques prunes au couvent voisin, les grands jours il me payait un jus de raisin au café du village et, surtout, il m'a convaincue qu'il fallait savoir s'imposer et défendre des idées, lui qui avait participé au Front populaire en 1936. Systématiquement, lorsque je le quittais, pour une raison tout à fait énigmatique, je me disais : « Peut-être ne vais-je jamais le revoir. » Et l'unique fois où je me suis dit : « Tu es trop bête, tu sais très bien que tu vas le retrouver », évidemment, il est mort. Renversé par un chauffard. J'avais huit ans et demi, j'ai fait ce que l'on attendait de moi : des tas de prières et des tonnes de déclarations sur le thème « il est au paradis, il ne faut pas être triste », suscitant l'admiration des adultes. En fait, j'avais une rage dévorante à l'intérieur de moi, entretenue par un sentiment de révolte qui ne m'a jamais vraiment quittée et qui s'est amplifié à chaque disparition d'un de mes amis, étouffant littéralement mes larmes. Ma haine des chauffards est intacte : je voudrais tous les voir en prison. Comme est intacte ma culpabilité de ne pas avoir, en pensée, prononcé les paroles rituelles en quittant mon grand-père. Dans mon esprit de petite fille, ce manque de respect à mes superstitions l'a tué. Depuis, je m'impose scrupuleusement de croiser les doigts, de toucher du bois, d'éviter de passer sous les échelles et de ne jamais laisser le pain retourné car d'après ma nourrice, qui avait enterré plusieurs maris militaires, cela signifie que Dieu pleure et que le diable sourit. Pourtant, je sais qu'il faudrait que je grandisse et que je n'ai plus huit ans et demi. Voltaire disait que « la superstition est à la religion ce que l'astrologie est à l'astronomie, la fille très folle d'une mère très sage ».

Après tout

« Est-ce un avantage ou un inconvénient d'être une femme quand on est grand reporter ? » La question est aussi inévitable que la réponse positive. Pour une raison toute simple : notre sexe nous permet d'avoir accès, *de facto*, partout dans le monde à une moitié de la population qui parfois échappe aux hommes journalistes pour des raisons religieuses ou culturelles : les femmes. Dans les pays musulmans notamment, il leur arrive d'être cachées, soustraites au regard des étrangers alors qu'elles sont ravies de parler avec moi, avec cette complicité qui existe entre « filles » qui échangent des grands ou des petits secrets loin des oreilles du mâle dominant. Par leur truchement, j'ai souvent touché du doigt la réalité de la vie locale et quotidienne. Pourtant, il ne faut pas les réduire à cet aspect-là de l'existence car sous le voile ou derrière les murs, elles défendent aussi des idées politiques ou des désirs de combat et de vengeance qu'elles brandissent aussi haut par le verbe que les hommes par les armes. Dans les dictatures, avec les femmes, les discussions sont plus franches car notre censeur-accompagnateur qui, comme il se doit, appartient toujours au sexe fort, n'a pas le droit de les approcher et elles sont tellement sous-estimées que nul ne penserait que nous pouvons deviser d'autre chose que de couches, de mode, de recettes de cuisine ou du prix de la courgette sur le marché. Je me suis parfois retrouvée avec un bébé dans les bras mais cela ne m'empêchait pas d'évoquer, dans le même temps, avec sa génitrice la dernière manif, les victimes du bombardement de la veille, l'état d'esprit des habitants du quartier ou la montée en puissance de la religion. Elles m'ont souvent confié, en Algérie notamment, qu'elles portaient le voile pour ne pas « être embêtées » dans la rue par les hommes et non par conviction. Elles plaisantaient du fait qu'on les avait surnommées les « 404 bâchées ».

C'était au début de l'islamisme superstar, aujourd'hui il ne subsiste plus beaucoup de raisons d'en rire. Partout, les femmes représentent l'arme fatale de la lutte démographique : soit pour satisfaire la supposée preuve de virilité de leur moitié qui en réalité leur prend au moins les trois quarts de la place dans la vie, soit pour qu'un peuple devienne numériquement supérieur à l'autre, dans le conflit israélo-palestinien. Azmi les appelle les « familles canards » que l'on peut croiser aussi bien dans les ruelles de Gaza que dans le quartier orthodoxe de Mea Shearim à Jérusalem ouest car devant marche la mère, suivie par une ribambelle de mômes dont les tailles s'échelonnent à quelques centimètres près, tous nés à un an d'écart.

Chez les Juifs intégristes, les femmes s'occupent de la marmaille et, en plus, elles doivent parfois trouver une partie des moyens de subsistance, étant entendu que le conjoint ne se consacre exclusivement qu'à l'étude des textes sacrés. Elles ont souvent le crâne rasé, recouvert d'une perruque car le cheveu naturel doit sûrement avoir le pouvoir d'attirer le mâle. Elles sont priées d'être vêtues « modestement », pour reprendre la terminologie en vigueur, les jupes sont longues, les manches aussi. Faute de quoi, certaines se sont fait agresser, y compris physiquement.

Au Proche-Orient, ces dernières années ont été soumises à la marche triomphale des religions : islam et judaïsme. Devinez qui ont été les premières à en faire les frais ? Les femmes, mes sources d'informations chéries. Elles ne disposent même pas de la clé de l'hypocrisie confisquée par les hommes, à l'instar de l'Arabie Saoudite où l'alcool est officiellement interdit mais où les poivrots s'offrent, pétrodollars aidant, des allers et retours en avion de compagnies étrangères, dans la journée, pour boire tout leur saoul en dehors de l'espace aérien du royaume et faire la fête, bref s'oxygéner... Les femmes ont besoin de l'accord des maris pour voyager. Ils ont vraiment pensé à tout...

Etre un grand reporter en jupon est également un avantage pour approcher l'autre moitié de la population mondiale, les hommes, et plus spécialement les plus virils d'entre eux, les combattants : en bons « machos », ils sont sûrement moins agressifs avec le sexe faible qu'avec le prétendument fort, poussant parfois leur besoin d'exister jusqu'à vouloir prouver qu'ils sont capables de nous protéger. Notre arrivée, il y a quelques années, les surprenait, maintenant beaucoup moins par la force de l'habitude. Je pense que l'irruption d'une femme sur la scène d'un conflit représente toujours un facteur d'apaisement et même de ravissement. Je me souviens de reportages dans le désert, durant la guerre du Golfe, où nous croisions parfois des « mirlos » qui n'avaient pas vu l'ombre d'une femme depuis des mois. Ils me dévisageaient comme si j'étais la réincarnation de Marilyn Monroe, en tournée mondiale parmi les GI's, et pendant que, sans difficulté, je fixais l'attention des chefs, l'équipe volait des images que nous n'aurions jamais eu l'autorisation de filmer...

Même en dehors de ces hallucinations visuelles, nos relations ne sont pas comparables : nous ne sommes pas, nous les « grandes » reporters, des *fanamili* (fanatiques des militaires), comme certains confrères qui doivent vivre une vocation contrariée. Nous ne risquons pas d'évoquer les meilleurs souvenirs de notre service sous les drapeaux et encore moins d'être capables de disserter sur les différents types d'armements car cela ne nous intéresse pas et nous n'avons aucune expérience dans ce domaine.

Par ailleurs, concernant même les plus phallocrates ou arriérés des miliciens et des hommes politiques, ils ont compris depuis longtemps, *urbi et orbi*, qu'ils avaient besoin de la presse pour se faire connaître et ils se sont résolus à l'idée de passer sous les fourches caudines des femmes pour accéder à la petite lucarne. Ils se méfient moins de nous, du haut de leur morgue ou de leurs convictions misogynes, persuadés que nous n'irons pas au-delà de leurs paroles, que nous ne chercherons pas la vérité ailleurs... Cruelle méprise pour certains qui se sont fait déstabiliser ou démasquer par des petits bouts de femmes qu'ils voyaient dans le meilleur des cas comme outils nécessaires à leur propagande, dans le pire comme des créatures en excursion regrettable hors de leur cuisine mais en aucun cas en émules de Joseph Kessel.

En revanche, des consœurs ont tellement forcé le trait de la différence sexuelle qu'elles ont parfois couché avec leurs interlocuteurs, pour des raisons qui n'étaient pas toujours purement sentimentales. Mais cette attitude est loin d'être la règle et il est un peu facile de sous-entendre que nous arrivons grâce à nos charmes...

Sur le terrain, je ne me sens ni femme, ni homme, ni rien de spécial : juste journaliste. Et je suis toujours très surprise par les questions personnelles qu'on me pose parfois, y compris certains représentants de la presse, sur ma religion : juive, musulmane, catholique, bouddhiste ou zoroastrienne. Là aussi, je réponds que je suis journaliste. A vrai dire, je suis scandalisée par ces interrogations perfides quand on sait que tous les drames du Proche-Orient présentent une dimension religieuse. Poser ce genre de question équivaut souvent à essayer de vous situer, de vous positionner ou même pire de vous impliquer dans le conflit.

Cette émergence d'extrémisme religieux dans le monde s'explique évidemment par l'échec remarquable des idéologies en vogue dans les décennies précédentes. Panarabisme, communisme, « peace and love », tiers-mondisme... De plus, les dictatures en place ont, par définition, rarement développé un système scolaire digne de ce nom avec culture, réflexion et sens critique à la clé, trois éléments qui constituent le terreau de la révolte. Résultat : des générations sacrifiées. De jeunes Algériens pour faire semblant d'en rire disaient qu'ils étaient analphabètes bilingues, ne possédant correctement ni l'arabe ni le français... Les seuls lieux d'expression tolérée se résumaient aux mosquées où les fidèles entendaient parler de pureté et de sublime, à des années-lumière de la répression et de la corruption quotidiennes. Les Israéliens se sont également brûlé les doigts à ce petit jeu-là, en favorisant le Hamas (le mouvement de la résistance islamique) et tous ses barbus pour essayer de déstabiliser l'OLP et son chef, Yasser Arafat. Un ministre de l'Etat juif, un jour, s'en est même dit désolé... bien tardivement. Dans un horizon totalement bouché de violence, de dictature ou d'occupation Allah devient la référence, celle contre laquelle aucun dirigeant du monde des mortels ne peut vraiment se battre. La parole de Dieu ainsi revisitée ne souffre aucune contradiction et devient le révélateur du discrédit des pouvoirs en place. Les injonctions des imams, qui conduisent les prières, ne souffrent aucune discussion et d'ailleurs les miséreux qui les écoutent n'ont presque jamais les connaissances nécessaires pour s'imaginer une quelconque manipulation. Ne serait-ce que celle de la lecture qui leur permettrait par eux-mêmes de se plonger dans le Coran et ainsi découvrir que certaines vérités, assenées comme telles, ne sont parfois que des vues de l'esprit ou des dérives politiciennes de leaders religieux. Devenir « l'esclave de Dieu », sa conscience et son bras armé sur terre galvanise des troupes qui veulent changer le monde et qui il y a quelques années auraient pu, aussi bien, adorer le drapeau rouge dans cette recherche révolutionnaire de faire table rase du passé et d'effacer toute trace d'asservissement et de confiscation du pouvoir par une petite minorité. Combien de fois à Alger, dans les manifestations, a-t-on scandé : « Le FLN est le père du FIS » ? C'est-à-dire que le Front de libération national, parti unique et omnipotent, a généré par son exercice sans partage du pouvoir et toutes ses dérives l'hydre du Front islamique du salut.

Côté juif, la Torah, le livre saint, est brandie par les plus extrémistes pour dénier tout droit aux Palestiniens. Là aussi, la parole de Dieu récupérée se veut le point final de toute discussion, voire l'interdit suprême à toute négociation. Une femme d'une colonie d'Hébron qui, à l'instar de ses coreligionnaires, va jusqu'à refuser de prononcer le nom de Palestiniens comme elle leur confisque le droit d'exister, a un jour conclu une interview, en me disant : « Je suis désolée mais nous sommes le peuple élu »... Sous-entendu, toutes nos revendications nous sont dues... Le racisme institué en mode de pensée. Dans une autre colonie non loin de là, on avait érigé une espèce de stèle à Baruch Goldstein qui avait ouvert le feu sur des fidèles musulmans désarmés à l'intérieur de la mosquée de la ville, massacrant une trentaine d'entre eux. Un hommage vibrant à un assasin, au vu et au su de tous, y compris des autorités qui longtemps ont fermé les yeux... A Jérusalem, d'où les Palestiniens ont été massivement expulsés dans l'indifférence internationale, les religieux sont de plus en plus nombreux, leurs partis ont recueilli suffisamment de voix, aux différentes élections, pour obtenir des fauteuils de ministres à leurs représentants et, dans la vie quotidienne, leur empreinte se fait de plus en plus forte, décidant certains libres penseurs à s'exiler à Tel-Aviv pour respirer plus tranquillement l'air de la liberté. Et moi, j'ai eu régulièrement envie d'arrêter de « couvrir » cette région, en abandonnant tout ce beau monde à ses dieux respectifs, à ses intolérances, à ses mensonges et à l'injustice systématique faite aux plus démunis, la plupart du temps aux Palestiniens.

Tout aussi régulièrement, je me demande ce que je suis venue faire dans cette galère et je pousse parfois la réflexion lorsque les choses vont vraiment mal jusqu'à me demander si ce fameux Dieu dont chacun me rebat les oreilles depuis des décennies existe vraiment ? Le début de mon monologue intérieur commence toujours de la même manière quand je soupçonne que l'issue fatale se rapproche : « Je m'en fous de tous ces abrutis, je n'ai rien à faire ici, ce n'est pas mon histoire, c'est la dernière fois que je me jette dans la gueule du loup. » En fait, j'y suis toujours retournée. Je pense qu'il s'agit du syndrome de la tête brûlée. Il me faut des sensations fortes comme lorsque je passais des électro-encéphalogrammes quand j'étais petite pour contrôler régulièrement l'état de mon cerveau puisqu'une partie avait souffert à ma naissance, privée d'oxygène. Avec mes électrodes qui me faisaient ressembler à un cosmonaute miniature, je savais que le tracé s'affolait quand on me faisait respirer si fort que je me trouvais au bord de l'évanouissement ou quand on m'envoyait des flashes de lumière suffisamment violents pour que je les distingue même les yeux fermés. Dès le berceau, ma petite vie a ainsi été bercée par ces parenthèses de recherches médicales qui me faisaient passer de la douleur à l'apaisement, au soulagement de savoir que rien d'autre ne s'était détraqué au niveau de mes petites cellules grises. Mais avant chaque examen, le risque et le doute existaient qui pouvaient hypothéquer tout mon avenir, comme avant chaque reportage...

Entre ce côté « tête brûlée » speedée aux sensations fortes et celui « adoratrice précoce » du Che

Guevara, j'ai quand même réussi à réconcilier les deux espaces de mon cortex cérébral pour constater que la presse et le monde occidental dans son ensemble ont opté pour une forme moderne de lavage de cerveau.

J'ai vingt ans. Le sigle PAF (Paysage audiovisuel français) n'existe pas encore mais j'ai déjà envie de participer à son implosion. Avec quelques copains nous rêvons de nous jeter dans l'aventure des radios libres. Nous ne disposons évidemment d'aucun moyen financier, ni même d'un local : rien, juste une énorme bonne volonté et un grain de folie. Pour tester nos idées et demander conseil, je décide de prendre rendez-vous avec un des meilleurs amis de mon père : Roger Louis, une des figures de « Cinq colonnes à la une », l'émission-phare des années soixante-soixante-dix, consacrée aux reportages. Il a quitté la télé pour des raisons politiques, il ne voulait pas se couler dans le moule. Depuis, il a une « boîte de prod » à Paris qui produit des séries-documentaires « Certifié Exact ». Je suis un peu intimidée, je me sens obligée, par correction, de lui dire que je suis fâchée avec mon père, crise révolutionnaire oblige. Il m'impressionne avec sa crinière blanche, sa grosse voix et son passé de grand reporter dont je voudrais qu'il soit mon futur. Il a bourlingué, sans concession, avec amour, d'un coin à l'autre de la planète, d'un conflit à l'autre. Je lui expose notre projet. Il m'écoute, ne dit rien. J'ai l'impression de m'embrouiller lamentablement dans mes explications, mes rêves et mes exigences de servir la vérité quand il me coupe : « Dix lignes de téléphone groupées, ça te suffirait ? » Mes yeux écarquillés constituent ma seule réponse. « Suis-moi », dit-il. Il me montre des bureaux inoccupés de sa maison de production, me précise : « Ils sont pour toi » et me laisse alors que je bafouille encore une litanie de remerciements. Notre radio Free-Son n'a jamais vu le jour car je me suis fait happer bien vite par la télé. Au fil des années, son passé est un peu devenu le mien. Mais Roger n'en a rien vu. Il est mort, peu de temps après m'avoir fait l'inestimable cadeau de sa confiance. Il a eu le temps de voir l'arrivée de « sa » gauche au pouvoir, en 1981. Souvent je m'interroge sur ce qu'il penserait de cette époque du consensus à tout prix.

En vingt ans « son » journalisme militant a disparu. Tout le monde ou presque se fout de « ma » vérité vénérée. J'ai assisté à des « tonnes » de funérailles pour mon travail. Des enfants palestiniens tués par des militaires israéliens, des malades morts à cause de l'embargo en Irak, des réfugiés emportés par la maladie au Rwanda, j'en passe et des pires, si c'est possible, mais toujours dans la même quasi-indifférence internationale. Comme si cette accumulation d'images douloureuses avait un pouvoir anesthésiant. Conclusion logique de l'évolution du journalisme mondial qui, à force de rechercher de l'émotion pour attirer les télespectateurs, a renoncé à expliquer les choses, en gommant et le contexte et parfois même les responsabilités. Du coup, la larme qui coule sur une joue bosniaque efface celles qui ruissellent sur un visage afghan et, confondues dans une même douleur, elles se mélangent sur l'écran de la télévision et se sèchent sur les mouchoirs bien propres des consciences occidentales. Albert Londres disait que notre rôle n'est pas de plaire ni de nuire, « il est de porter la plume dans la plaie ». Aujourd'hui, nous montrons le sang qui coule, quand nous le montrons, mais notre plume oublie trop souvent de dire clairement pourquoi. L'émotion en overdose est, au pire, lobotomisante, au mieux l'exutoire passager d'une culpabilité. Le monde entier s'est mobilisé pour le Kosovo, chaque ménagère se sentant investie de la mission d'envoyer un paquet de pâtes aux pauvres réfugiés mais personne, un an après la guerre, ne se pose plus la question de savoir ce qui se passe dans les Balkans. Il est préférable de sacraliser nos petits bobos qui, au bout du compte, ne mettent rien ni personne vraiment en cause et qui font de nous « vulgaires quidams », les héros du journal télévisé. Le grand soir est passé de mode pour laisser place à la grand-messe des « infos ».

De plus, notre profession est devenue de plus en plus dangereuse. Tout d'abord parce que, contrairement à ce que croient certaines personnes, nous ne bénéficions pas de protection particulière sur le terrain, sauf lorsque des militaires ou des miliciens nous prennent en charge mais cela ne vaut que lorsque les combats ne sont pas trop violents. Sinon, nous n'avons ni gardes du corps, ni anges gardiens, juste une voiture blindée, nos gilets pare-balles ou pare-éclats et la volonté sempiternelle de croire en notre bonne étoile.

Les cameramen et les photographes sont souvent les plus exposés car ils sont tout de suite repérés avec leur matériel. De plus, leur champ de vision est limité à un viseur où le monde et le danger n'apparaissent qu'en réduction et en noir et blanc. Il y a encore quelques années, tout un système de censure existait dans les régimes dictatoriaux qui consistait à nous affubler d'un accompagnateur et au cas où nous échappions à sa vigilance, à visionner systématiquement nos cassettes à la télévision locale d'où nous diffusions nos sujets, avec la possibilité de détruire les images qui n'avaient pas la grâce de plaire au pouvoir. Aujourd'hui, sur les grands événements, nous disposons de nos propres moyens de transmission et l'ultime censure se résume à tuer les journalistes pour les empêcher définitivement de témoigner. D'autant que d'un bout à l'autre de la planète, le tortionnaire le plus obtus a réalisé la force et le rôle des images dans un conflit.

L'Algérie a parfaitement compris ce précepte. A une époque, au début des années quatre-vingt-dix, j'avais envisagé de rédiger un Guide bleu des commissariats de la capitale que nous avions eu tout le loisir d'évaluer à différentes reprises. Les policiers nous interpellaient régulièrement voire quotidiennement alors que nous étions munis de nos autorisations de tournage dûment estampillées. Le plus surréaliste d'entre eux m'avait reconnue dans la rue, appelée par mon nom quand il m'a annoncé qu'il voulait aller contrôler mon identité au poste. Je lui ai fait remarquer qu'il savait pourtant manifestement qui j'étais mais il m'a rétorqué qu'il fallait vérifier quand même ! Dans les temps qui ont suivi, le pays est passé à la vitesse supérieure concernant le traitement réservé aux journalistes avec les premiers assassinats de représentants de la presse. J'ai abandonné l'Algérie, faute de visa au début, puis avec un dégoût total de ce qui se passe dans ce pays de l'autre côté de la Méditerranée. Une guerre sans images où le pouvoir et les islamistes préfèrent laver leur linge sale en famille, au nom d'un nationalisme suicidaire et où même les prétendus démocrates n'ont jamais pris la peine de recueillir les films ou les photos nécessaires à mobiliser les consciences internationales.

Souvent, je repense à Rémy « le guérillero » et son accent suisse traînant au milieu des collines salvadoriennes : « Vous les journalistes, c'est normal que vous ayez peur de mourir car vous n'êtes pas là pour une cause. » J'y réfléchissais avec une certaine ferveur en Afghanistan, durant une fusillade à la 12.7, de quoi arrêter un éléphant en pleine course et, couchée par terre, j'ai enlevé mes mains de ma tête, protections inutiles... Je n'ai toujours pas de réponse... sauf à considérer que le journalisme est une sorte de cause...

Les gens nous voient souvent arriver comme des oiseaux de mauvais augure, confondant allégrement la cause et la conséquence. Cela vaut dans les pays développés où il est toujours de bon ton de dire du mal de la presse supposée charognarde alors que s'arrachent tous les magazines les moins recommandables d'un point de vue de la morale et des bons sentiments. Il serait sans doute possible de ne remplir nos journaux que d'histoires de trains qui arrivent à l'heure et de carnets roses mais ce serait tout simplement renoncer à améliorer le monde, renoncer à se préoccuper des autres, décider une fois pour toutes de vivre dans une totale schizophrénie et d'appliquer la politique de l'autruche. De se brûler toute la tête. Je pense au contraire qu'il faut s'appliquer à dénoncer ce qui va mal et tous les dieux que j'ai pu invoquer au fil des ans savent à quel point les exemples sont légion. D'ailleurs, dans les pays pauvres, dévastés, les habitants ne s'y trompent pas qui nous accueillent avec un sourire à la hauteur de leurs espoirs. Aussi illettrés soient-ils, eux distinguent la cause des conséquences. Il ne leur viendrait pas à l'esprit de couper la tête des messagers de mauvaises nouvelles car ils savent que plus on parlera d'eux, plus les chances de se mobiliser un minimum en leur faveur s'étofferont. L'espace d'un instant parfois, celui du journal télévisé. Mais lorsque l'on n'a plus rien, l'idée de n'être pas tout à fait oublié permet parfois de survivre. Nous mentons par omission. Il serait trop dur d'avouer, de leur avouer, de nous avouer que tous nos reportages ne changeront sûrement pas le cours des choses. Sur le fond. Au mieux, une aide humanitaire sera décidée. Elle aura au moins le mérite de sauver des vies.

Une des grandes injustices qui nous sont faites repose sur la suspicion et le dénigrement qui parfois entourent notre travail. Il y a deux camps. Les gens qui habitent sur place et qui ne se reconnaissent pas dans le miroir grossissant de nos images. Au même titre que la première fois que l'on entend sa voix enregistrée on la juge horrible, ou que l'on se trouve souvent laid sur des photos. Combien de fois ai-je entendu les bourgeois d'Alger m'expliquer que les islamistes n'avaient aucune épaisseur ni réalité dans le pays et que tous ces reportages sur les « barbus » ne poursuivaient pas d'autre but que de faire vendre les journaux de presse écrite ou de galvaniser l'audimat de la télévision. Ils n'avaient jamais mis les pieds dans un quartier populaire et n'avaient aucune idée des enjeux qui se déroulaient dans leur propre univers. Ils nous soupçonnaient au mieux d'être animés par des objectifs mercantiles, au pire d'être vendus au FIS. Ce sont des injures et des blessures contre lesquelles il faut savoir s'aguerrir et la terrible preuve de notre perspicacité avec la victoire des islamistes aux élections n'a jamais suscité la moindre joie, le moindre sentiment amer de revanche par rapport à ces pseudo-spécialistes de la scène politique algérienne qui ont parfois sombré dans la diffamation pure et simple. Quant au FIS, ses représentants tenaient la télévision française en général dans une telle estime, qu'ils avaient surnommé les paraboles capables de la capter les « paradiaboliques »...

L'autre camp, tout aussi redoutable, est constitué de gens qui sans s'être jamais rendus sur place, pensent détenir la vérité révélée sur une région, une religion, ou un événement. Dieu sait si le Proche-Orient déclenche et alimente les passions. A ces je-sais-tout, il est quasiment impossible de faire entendre raison. Faute d'argument, ils essaient donc de nous décrédibiliser en nous faisant passer pour je ne sais quels militants de je ne sais quelle cause, de préférence, inavouable. La « grandeur » de notre métier est de maintenir le cap mais les pressions sont parfois très fortes. On se sent alors salis, outils de guerre de propagande qui nous dépasse. Mais personne n'a jamais dit que le chemin du journalisme était pavé de pétales de roses et de rameaux d'oliviers.

Dans ces moments-là, je déteste encore plus que d'habitude, c'est-à-dire au-delà du raisonnable, les chanteurs tristes. C'est une des raisons pour lesquelles je n'écoute que les radios d'informations. Je trouve insupportables ces ritournelles qui se limitent par exemple à regretter la fin des vacances et de l'été mais dont la mélodie, si nulle soit-elle, me plonge dans une tristesse hallucinante avec le pouvoir immédiat de diffuser dans ma tête brûlée toutes les images de souffrances qui m'ont habitée, à un moment ou à un autre. J'ai envie d'étrangler le « susurreur » de service, le voleur d'émotions, le révélateur de chagrin et je me jette sur le bouton du poste pour changer de station avec une rapidité qui est à la hauteur de la violence du chamboulement intérieur qui se déclenche au fond de moi. En tête de ce Top 50 personnel, se trouve le hasard qui me conduit, souvent en voiture, à me faire surprendre par ce genre de délire sucré, au cours d'un reportage où tout se passe mal et où j'ai la cruelle impression que tout ce que je fais ne sert à rien.

Toutes ces déceptions, toute cette vanité de notre travail ne pourront pas nous enlever nos souvenirs, nos rencontres, notre flamme et nos fous rires. J'ai rarement autant ri qu'en reportage. Les psychiatres pourront essayer d'y décrypter toutes les raisons de Freud : ils sont là, souvent, nos éclats de rire comme des virgules qui chassent le point final... Pour oublier ce à quoi ressemble trop souvent un vieux grand reporter, un être aigri, rabougri qui déteste les jeunes, les plus jeunes que lui, l'imprécise concurrence pour le prochain grand événement, coup d'Etat ou révolution dans « sa » zone, de toute éternité, quémandant le privilège de pouvoir rester dans la course, tentant de nier les rides et la fatigue, la peur et les angoisses, gommant de sa mémoire tout événement vieux de plus de quinze ans, le temps d'une adolescence qui apparaîtrait comme le point de repère d'une vie déjà trop remplie ; calquant ses références sur celles de l'autre pour retrouver une échelle plus petite, se mettre à la même hauteur que le débutant prometteur.

Notre société s'entend à nier la valeur des anciens pour mieux promouvoir le concept de « l'œil neuf ». Comme des Cyclopes qui ne fabriquent plus la foudre à l'intention de Zeus mais caramélisent les derniers rêves d'un grand reporter blanchi sous le harnais de ses guerres et, de temps en temps, ses vérités étayées et recoupées, au fil des années.

Savoir prendre le virage à temps. Partir avant l'incendie final, en se retournant sur ce passé extravagant, pour faire honnêtement le bilan de cette vie à saute-mouton sur les soubresauts de la planète.

La vie de grand reporter (pourquoi n'y a-t-il pas de féminin ?) est en fait le long apprentissage de l'injustice. En passant toutes ces longues périodes dans le rôle douloureux de témoin, dans la proximité et même la promiscuité des plus pauvres, des plus désarmés, tout en fréquentant, reportage oblige, leurs tortionnaires. Combien de fois ai-je entendu au Proche-Orient la fameuse question : « Pourquoi y a-t-il deux poids, deux mesures ? » D'un côté Israël qui peut violer les résolutions de l'ONU durant des décennies et, de l'autre, les pays arabes immédiatement rappelés à l'ordre ou mis au ban des nations pour les mêmes motifs. Pourquoi parle-t-on dans les médias plus souvent, plus longuement des morts israéliens que des morts palestiniens ? La valeur de chaque vie n'est pas la même. Dans notre fausse ironie, nous nous livrons à de savants calculs : il faut que le nombre de morts soit toujours supérieur au nombre de kilomètres parcourus pour que le barnum médiatique se déplace. En d'autres termes, plus un drame se déroule loin de Paris, de Washington ou de Londres, d'un point de vue géographique ou historique, moins il intéressera les rédactions. *Of course*, est-on tenté de rétorquer, sauf que sur la question cruciale de la valeur de la vie, un millier d'habitants du Bengladesh ne peut rivaliser avec une dizaine d'Anglais, d'Allemands et encore moins de Français qui semblent presque les envoyés de Dieu sur Terre, tant on leur accorde d'importance. Les raisons des disparitions sont aussi très souvent mises de côté et nous qui nous trouvons toujours aux côtés des victimes, nous devenons fous d'impuissance, de colère et de tristesse car nous ne pouvons pas répondre à cette question sur le prix d'une existence. Que dire aux victimes ? Qu'elles ne sont que les objets politiques et médiatiques des rapports de force mondiaux ? Qu'elles ne sont pas à la mode en ce moment ? Que le sujet que nous avions réalisé les concernant a été « trappé », c'est-à-dire qu'il n'a pas été diffusé car il fallait laisser de la place pour traiter d'un autre événement, parfois un fait divers en France ? Faute de pouvoir influer sur la géopolitique internationale ou à la tête des médias, on se recroqueville sur notre inefficacité en maudissant les rois du cynisme.

Cet extraordinaire détachement qui prétend s'imposer comme la preuve du recul nécessaire, de la distance requise pour tout bon journaliste m'apparaît au contraire, parfois, comme la démission de la réflexion. Il est plus simple de prendre des poses de grand baroudeur revenu de tout ou de « vieux de la vieille » qui a tout vu, tout vécu plutôt que d'ouvrir un débat sur le pourquoi et le comment de la couverture médiatique de telle ou telle actualité. Alors qu'il s'agit du fondement même de notre travail, de sa raison et de ses lettres de noblesse. Le cynique objectera que toute interrogation n'est que sensiblerie pour mieux éluder le sujet : « Ecoute Catherine, cela fait quatre mille ans qu'ils se tapent dessus au Proche-Orient, tu ne vas pas en faire toute une histoire pour une fois de plus. » Réflexion déclinable dans ses variantes à tous les continents. Sauf qu'à force de ne plus parler de sujets délicats, les télé-spectateurs, les auditeurs ou les lecteurs ont de plus en plus de mal à comprendre ce qui se passe et donc à s'intéresser aux problèmes. Les guerres et les catastrophes s'imposent comme une malédiction plus ou moins exotique et non plus comme le résultat désastreux de politiques locales ou de laisser-faire international. On cesse d'essayer d'en estimer les raisons concrètes, précises et de les expliquer. Résultat, la boucle est bouclée : ce n'est plus la peine d'en parler puisque tout le monde « s'en fout ».

Les diplomates et les hommes politiques qui cultivent le syndrome du secret sont également responsables. Ceux-là ne disent rien à la presse, en vertu de je ne sais quelle promesse de boy-scout qui épaissit encore le rideau de fumée autour des raisons d'un événement et le rend inaccessible à la compréhension du plus grand nombre. Combien de fois ai-je remarqué les sourires complices et malicieux des « happy fews », de ceux qui savent et dont les précieuses connaissances leur permettent de croire qu'ils appartiennent à l'élite. Connaître les dessous d'un sommet ou d'un événement important quelconque valorise son homme, à condition justement de ne les distiller qu'à un auditoire choisi. D'autant que, souvent, la « source » précise que si par hasard nous venait la fantaisie, à nous journalistes, de relayer ses informations, bien sûr, « je démentirais ». Cette confiscation du savoir me paraît parfois comme « légèrement » en contradiction avec l'idée de la démocratie et poser un réel problème de société.

Avec ces « voleurs » de la connaissance, il est toujours intéressant d'essayer de parler de la douleur des populations, à cause de la guerre, de la famine, d'un régime dictatorial, d'une catastrophe naturelle ou tout simplement pour des raisons économiques. Il faut alors se plonger dans leur regard pour ne pas manquer cet éclair où se mêlent un indicible sentiment de supériorité et un soupçon de mépris. « Mais, ma parole, vous découvrez la lune... » Comme s'il s'agissait d'une inévitable réalité ne concernant que des personnes virtuelles réduites, définitivement, à l'état de statistiques. Pour concevoir et percevoir la violence, il faudrait aller sur le terrain, se frotter au mal, prendre le risque d'y abandonner une parcelle de son cœur et de revoir à la hausse les barèmes des décisions qui s'imposent en termes politique, journalistique et humanitaire. Peut-être est-ce demander la lune ? Cette indifférence me rappelle toujours la réaction que l'on prête à Herbert Hoover, président des Etats-Unis au début des années trente. Alors qu'un de ses conseillers lui faisait remarquer que Somoza, le dictateur qui dirigeait à l'époque le Nicaragua, était « un fils de pute », il avait rétorqué : « Oui, mais c'est *notre* fils de pute. » En clair, sachons fermer les yeux sur les droits de l'homme et la misère si cela peut servir nos intérêts...

La situation devient vraiment insupportable quand les journalistes se prêtent à ce petit jeu qui sert le pouvoir ou ses intérêts. Robert Fisk, un des meilleurs reporters de sa génération, spécialiste du Proche-Orient, écrivait récemment dans le quotidien britannique *The Independant* sur le conflit israélo-palestinien. Il établissait une comparaison avec la répression et la violence qui sévissaient à l'époque de l'apartheid en Afrique du Sud, de la part du pouvoir blanc contre les Noirs. Déplorant que la presse n'ait pas la même énergie aujourd'hui qu'hier, pour dénoncer des faits inadmissibles, il concluait son article en nous encourageant « à nous souvenir de l'époque où les hommes avaient encore un peu d'honneur »... Et plus précisément les journalistes.

J'ai eu souvent l'envie d'arrêter, par écœurement, par fatigue, par lassitude mais, chaque fois, le plaisir de secouer un peu le cocotier, celui de dénoncer, de « porter la plume dans la plaie » a été le plus fort. Reporters Sans Frontières rappelle, dans son dernier rapport annuel, que plus du tiers de la population mondiale vit dans un pays où il n'existe aucune liberté de la presse. Ne serait-ce qu'à ce titre comment renoncer, comment oser renoncer à ce luxe inouï, à cette mission de l'information qui nous est offerte dans nos cocons occidentaux mais pour laquelle meurent les plus obstinés et les plus courageux d'entre nous, dans des contrées pas forcément si lointaines ? Toujours selon la même source, trente-deux journalistes ont été tués en l'an 2000 dans l'exercice de leur métier et soixante-quatorze restaient emprisonnés au 1er avril. Si j'arrêtais, j'aurais peur de perdre la mémoire, d'avoir la tête complètement brûlée, de voir mes souvenirs et « mes causes » disparaître comme les pellicules des photos qui se recroquevillent sous la chaleur du feu, pour ne plus être que de minuscules tas de cendres, comparables aux points de suspension à la fin d'une phrase que l'on n'a pas le courage d'écrire. Comme si la plume dans la plaie se fondait, dans une fausse cautérisation destinée à soustraire au regard et aux consciences. Vouloir s'inscrire dans la tradition du grand reportage a sûrement ses devoirs. Celui de l'électron libre, de l'aiguillon iconoclaste, qui interdit de dormir et de s'endormir, comme un garde-fou des engagements et des exigences démocratiques.

Dès lors, les plus exotiques ne sont pas nécessairement les plus grands reportages. A nos portes se multiplient les exemples des aberrations à pourfendre, des réalités à expliquer, des plus démunis à ne pas oublier. Avec toujours, quelles que soient les latitudes, l'envie de comprendre les autres, de se faire leur porte-voix, sans sombrer dans le poujadisme qui transforme une parole de colère en analyse incontournable de la société concernée, dans un vulgaire sophisme. Il faut savoir être politiquement incorrect et, parfois, renoncer à un plan de carrière qui serait trop contraignant, à l'intérieur d'un carcan qui recèle les échelons à gravir.

Dans un monde de plus en plus formaté, les grands reporters représentent aussi un peu les derniers des « anarchistes », rebelles et souvent dingues qui se jouent des prétendues règles et des hiérarques autoproclamés. Ils ont depuis longtemps épuisé leur capacité à se laisser impressionner, dans la proximité des grands de la planète ou dans le nécessaire dialogue avec des hommes en armes, où seuls les mots doivent faire taire des M16 ou des kalachnikovs. Le temps d'une interview ou d'une retraite à laquelle on ne peut plus surseoir. J'en ai connu, dans leur schizophrénique raisonnement, qui courraient d'un conflit à l'autre mais qui ne fumaient plus « parce que c'est trop dangereux ».

« A vaincre sans péril, on triomphe sans gloire. »

Le plus remarquable péril ne se trouve pas forcément sur le terrain des guerres. Il se situe dans la tête et dans l'envie. Je crois que l'on meurt lorsqu'on n'a plus la volonté d'agrandir sa mémoire, le champ des souvenirs corseté par trop de douleurs. On se refuse à en supporter plus, comme ces vieux qui oublient tout, dès le moment où le compte à rebours de leur survie est engagé. Il faut alors se battre pour encore plus s'ouvrir au monde, en refusant l'objectif fallacieux qui se dessine : vouloir, coûte que coûte, se protéger. La tête brûle parfois pour se délester de trop de regards et d'existences misérables croisés mais, au fond de l'esprit, le négatif de tous ces êtres reste archivé, prêt à retrouver les couleurs de la vie, même si elles se conjuguent au rouge du sang répandu et au noir du pessimisme de l'histoire.

Il faut combattre la nostalgie pathologique qui nous pousse à nous approprier la souffrance des autres. Nous ne devons pas confondre notre sort avec le leur et, sous couvert de s'apitoyer sur leur histoire, nous faire passer pour la victime. Comme l'usurpation d'une identité, en volant l'affliction qui nous est étrangère pour accaparer à notre profit une compassion qui ne nous est pas due. Au même titre que je ne supporte pas les gens qui s'éloignent dès qu'un membre de leur entourage est frappé par la maladie, sous le prétexte que c'est trop difficile. C'est encore une fois, faire peu de cas de son prochain et du soutien ou au moins de la présence, dont il aurait plus que jamais besoin, pour s'épancher sur un mal fantasmé, par procuration. Nous voyons toujours dans la mort des autres un rappel brutal à notre inéluctable disparition mais hormis cette fatalité partagée par tous ici-bas, nous les envoyés spéciaux avons une existence qui nous permet de sortir de la nasse, sauf accident, une fois notre « mission » terminée. S'effondrer serait presque une insulte à tous ceux que nous croisons et qui résistent malgré tout, même avec de misérables moyens, la plupart du temps pour simplement faire survivre leur famille, en bandant de toute leur force leurs capacités intellectuelles, psychologiques et de cœur.

Il ne faut pas vouloir éteindre l'incendie qui s'est déclaré à l'étincelle de la révolte, de voir tant de vies gâchées, d'espoirs massacrés, de promesses violées, de courage avorté, de criminels de guerre en goguette car ce serait trahir les victimes. Irrévocablement. La douleur de la brûlure du feu garde en éveil la capacité à s'insurger, à vouloir savoir et surtout à faire savoir, à aller au-delà des vérités qu'on nous propose, à toujours chercher ce qui se cache derrière le miroir. Le nombre de médias qui se font l'outil consentant de la divulgation de ces informations représente l'aune à laquelle on juge le degré de maturité d'une société et de sa conscience politique. Son combat contre l'indifférence et son courage à se remettre en question.

Récemment, un de mes amis cameramen a tourné avec un jeune journaliste de la rédaction qui lui a confié que c'est notamment en voyant mes reportages à la télévision qu'il avait eu envie de faire ce métier. Dans un premier temps, on est flatté, dans un deuxième, on se prend un sacré coup de vieux, enfin et surtout on réfléchit à ce que l'on aimerait transmettre. De l'audace, encore de l'audace, toujours de l'audace... S'oublier au point de se transformer en éponge voyageuse, capable d'absorber toutes les tensions, les situations et les cultures. Ne pas s'arrêter à l'évidence et à la surface des choses. Savoir que les confidences se précisent parfois à la fin des entretiens que l'on sait installer dans la durée. Comme ces jeunes islamistes algériens qui agonisaient l'Occident d'injures, vouaient Paris, ses différents gouvernements et ses médias aux gémonies mais me demandaient au moment où je m'apprêtais à les quitter, si je ne pouvais pas leur « débrouiller » un visa pour la France, relativisant ainsi toute la force de leur discours précédent. Leur détresse apparaissait dans toute la dimension de son ambiguïté, remplaçant la haine dans cette difficile recherche d'une identité et d'un avenir. Il fallait simplement prendre son temps pour la découvrir au lieu de se satisfaire d'une première approche, sensationnelle dans son expression et sa violence.

Il faut aussi savoir créer le lien qui nous structure et nous définit, d'une de ces bulles à l'autre, qui représentent nos différents reportages. Il ne faut pas se perdre dans l'hermétisme d'une histoire ou d'un endroit, se satisfaire d'une vie en pointillés où la respiration est suspendue à chaque départ, où nos confrères, nos interlocuteurs et nos souvenirs finissent par remplir le vide de nos existences personnelles.

Il ne faut jamais se laisser convaincre par l'inévitable et récurrent : « Tout le monde s'en fout de ton sujet. » Ce serait la première étape du renoncement qui conduirait à laisser les tortionnaires, les apprentis-dictateurs de tout poil, dans l'obscurité qu'ils chérissent, décider du sort du plus grand nombre. Seule la lumière leur fait peur, tout comme elle cadre le champ d'action des hommes politiques qui pourraient se laisser aller à des petits ou de grands arrangements avec le droit et la loi. Les plus sanguinaires, nous devons toujours essayer de les coincer dans les projecteurs de l'actualité pour les obliger, un jour ou l'autre, à défaut de les paralyser, à rendre des comptes devant la justice des hommes. L'exemple de Augusto Pinochet, l'ancien dictateur chilien, cerné aujourd'hui par les juges d'instruction, saisis à la suite de plaintes déposées par les familles des victimes ou des organisations humanitaires, va sûrement pousser à la réflexion les autocrates du monde entier.

J'aimerais aussi transmettre des tonnes de petits messages à ceux que j'ai croisés, comme des souffles chauds sur une nuque baissée. Un soupçon d'énergie dans un monde parfois atone. Car la première et incontournable leçon est encore et toujours d'aimer les autres. Sinon la lecture de tous les recueils de journalisme, aussi brillants soient-ils, ne pourra rien apporter, rien révéler.

J'aimerais aussi revoir Shirine, en parlant arabe couramment pour lui expliquer que, bien au-delà des confins du désert de son pays, il existe des gens qui se préoccupent de son avenir. Des réseaux de solidarité qui luttent contre la spirale de l'oubli, des hauts fonctionnaires, dans des villes comme New York ou Paris, qu'elle serait incapable de situer sur une carte, qui tentent de trouver une solution. Qu'elle n'est pas condamnée à vie, à ses pérégrinations dans les rues de Bagdad, avec ses bâtonnets d'encens dont la vente l'aide à survivre. Je voudrais être sa Shéhérazade, pour lui raconter durant mille et un jours des contes qui lui ouvriraient la porte des rêves, dans un univers qui lui vole son enfance.

Et dans cette anesthésie féerique qui engourdit la douleur, parvenir à gommer les jours, les mois qui passent jusqu'au moment de la délivrance où, comme une belle au bois dormant, elle se réveillera dans un monde apaisé.

Dans mon enfance, je composais mes propres fables en lisant, en dévorant les dictionnaires. Je me gavais de noms exotiques, je décortiquais les cartes et les mappemondes, suivant mon père d'un bout à l'autre de la planète. Je connaissais par cœur les arbres généalogiques des familles royales qui avaient marqué l'histoire de France et d'Angleterre. Je voyageais déjà dans l'espace et le temps, rêvassant aux contrées lointaines et aux révolutions qui avaient interrompu brutalement le règne de « mes » lignées couronnées. Ma marotte amusait les adultes et surtout me dispensait de jouer avec mes congénères qui m'ennuyaient avec leurs poupées que je trouvais sans intérêt, bien trop éloignées de l'univers de mon Littré.

Dans mon adolescence, je plongeais avec ravissement dans des références livresques moins oniriques que celles des légendes orientales mais qui me correspondaient parfaitement : les œuvres des auteurs romantiques. J'adorais leur vision sans concession, aux sentiments échevelés, révolutionnaire pour l'époque. Entre leçons, dissertations et poèmes écrits ou appris, en véritable souris de bibliothèque que j'étais, je caressais déjà le rêve de voir se dérouler mon avenir avec autant de fougue, guidé par cette séduisante recherche d'absolu. Bannissant définitivement de mon dictionnaire personnel les mots de concession et de compromis. En me jurant de ne jamais faire machine arrière. J'avais été très marquée par une phrase que mes souvenirs d'écolière attribuent à Chateaubriand. Le héros évoquait sa propre mort et songeait que, ce jour fatal, il se dirait en se retournant sur son passé : « Au moins, j'ai vécu. »

S'il faut chercher un sens à la vie de grand reporter, le mien est trouvé. Je ne revendique pas d'autre fait d'armes, que d'avoir été le petit transmetteur des informations et des souffrances des autres, avec micro et caméra tournés vers la détresse, à l'affût des images qui pouvaient faire mal aux tortionnaires, attirer l'attention sur leurs agissements. J'ai certains soirs incarné le vecteur, grâce auquel, dans une petite lucarne, un monde lointain, incertain, inconnu et qui faisait peur a eu le droit de cité et celui de retrouver un visage humain. Je me suis fait le porte-voix, avec mes cassettes, la « diff », mes cavalcades et mes directs, de ceux qui n'ont que rarement le droit à la parole.

J'ai aussi vécu pour faire vivre dans mon cœur et dans mon métier des êtres et leurs causes, en leur réservant la plus grande place possible, si ce n'est la plus chère. Mon existence est remplie de celle des autres. « Au moins, nous aurons vécu. » Dans une lutte contre l'amnésie avec toute la force et la dévotion de ma tête brûlée.

Dans un seul but : participer au devoir de mémoire. Une des plus belles raisons d'être du grand reportage.

Remerciements

A toutes les équipes avec lesquelles j'ai vécu et partagé les mêmes idées et les mêmes émotions tout autour de la planète.

Table

Cet ouvrage a été composé par
Nord Compo (Villeneuve-d'Ascq)
et imprimé sur presse Cameron
par **Bussière Camedan Imprimeries**
à Saint-Amand-Montrond (Cher)
pour le compte des Éditions Plon.

Achevé d'imprimer en mai 2001.

Imprimé en France

N° d'édition : 13365. N° d'impression : 012517/1.
Dépôt légal : mai 2001.